太喜歡歷史了！

給中小學生的輕歷史

2 春秋戰國

春秋戰國

春秋戰國

文：郭怡菲

繪：蔣講太空人（時代背景）
　　Ricky（衣食住行，歷史事件）

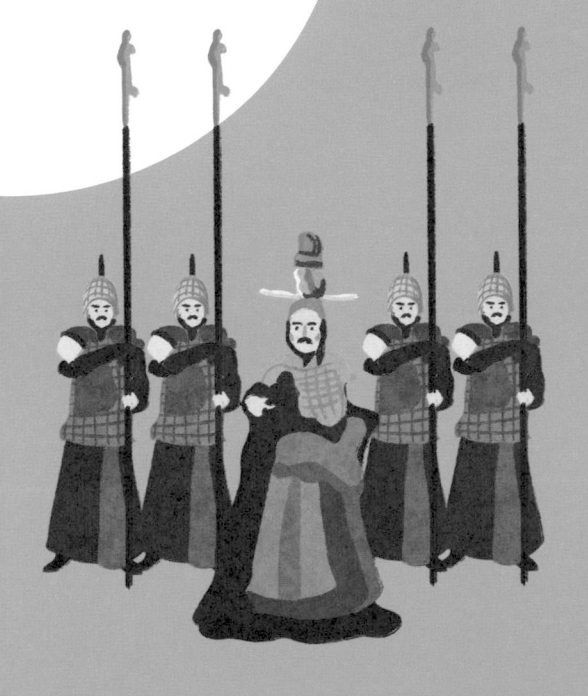

時代背景

春秋戰國，群雄爭霸

西元前七七〇年開始，中國發生歷史上第一次大分裂——春秋戰國時期。由於犬戎攻破了西周的國都鎬(ㄏㄠˋ)京，周幽王死，西周就此滅亡。周王朝變得軟弱無能，漸漸失去了對各個封地的威懾力。當然，周王朝的衰落，也被各封地的諸侯看在眼裡。

於是，諸侯開始盤算如何從周王朝手裡奪過王權。想要奪得王權的諸侯不僅一兩個，凡是有兵力的諸侯國都想分一杯羹。於是諸侯國之間開始長達幾百年的短兵相接，不少諸侯及諸侯國從混戰中脫穎而出，比如春秋時期以齊國為首的「春秋五霸」，戰國時期更有相互制衡的「戰國七雄」。諸侯為了增加自己的實力，紛紛招攬賢士。這些來自社會各個階層的人才，有的精通政治經濟

改革，有的知曉天文地理知識，他們自由的表達自己的觀點，共同創造了輝煌燦爛的百家爭鳴時代。

諸侯之間的戰爭，持續了五百多年，直到西元前二二一年，戰國七雄之一的秦國吞併六國，完成統一，動蕩的春秋戰國時期也在這一年正式結束。

衣食住行

生活在春秋戰國

衣

春秋戰國時期，有一種可以把身形深藏起來的衣服款式，在社會各個階層都十分普遍，就是「深衣」。「深衣」其實就是把上衣和下裳連起來，有點像現代的連衣裙。因為穿著方便，貴族習慣把細麻或絲綢製成的「深衣」當做家居便服。至於普通百姓，「深衣」只能做為重要場合的禮服，對他們來說，以粗布做成的「短褐」，才是他們的日常穿著。「短褐」與「深衣」最大的區別，就是「短褐」更便於行動。畢竟，普通百姓平時忙於耕作生產，寬大鬆散的「深衣」實在不實用！

想像一下，你正走在春秋戰國時期的街道上，迎面走來兩個衣著不同的人，你會如何判斷他們的身分呢？

食

人們的主食是蒸煮的六穀，六穀包括大米、小米、大麥、小麥、黃米、豆子。由於氣候和地形不同，不同地區出產的穀物和副食也有所不同，例如北方居民愛吃小米和牛、羊肉，南方居民則是以大米、小麥和魚類為主食。南方人和北方人的飲食文化差異，從春秋戰國時期已現端倪，直到現在都還存在。

住

「臺榭」是春秋戰國時期貴族最喜愛的宮室建築，工匠把一間間木構房屋建在高大的夯（ㄏㄤ）土臺上，這樣的宮室建築群佔地面積極廣，外觀十分壯觀。

行

馬車是春秋戰國時候主要的交通工具，貴族外出要用馬車，諸侯國之間打仗，以馬匹拉動的戰車更是不可或缺。戰車通常由四匹馬拉動，三名士兵站在車上，這樣的戰車也稱為「駟(ㄙˋ)」。士兵之間也有明確分工，站在戰車中間的是用韁繩駕馭馬匹的御者（駕駛），左邊是負責射箭的「車左」，右邊則是負責用戈或者戟刺殺敵人的「車右」。

馬車對於生活在春秋戰國的人們

來說十分重要，但是各國車軌的規格卻不一致，讓人非常頭疼。每個國家都按自己的標準去制定車軌，人們駕車到別的國家時，就不得不換一輛馬車，這種麻煩的情況一直持續到戰國末年。

原來是這樣啊

萬乘之國

擁有一萬輛戰車的國家，形容一個國家兵力強大。乘，讀音ㄕㄥˋ。

用

春秋初期，人們生活中出現了比青銅器更為鋒利的鐵器。自從人們開始使用鐵製的農具、手工工具以後，生產力大幅提升，農業生產的收穫可以自給自足，奴隸制也跟著動搖。不過，鐵器的運用並不像農具那麼普遍。

金屬貨幣在春秋戰國時期已經普及，每個國家所通行的貨幣各有不同，主要流通的有四種：布幣（銅製，形狀像鏟子）、刀幣（外形像刀）、圓形方孔錢（可穿繩便於攜帶）、蟻鼻錢（小巧，像鬼臉）。

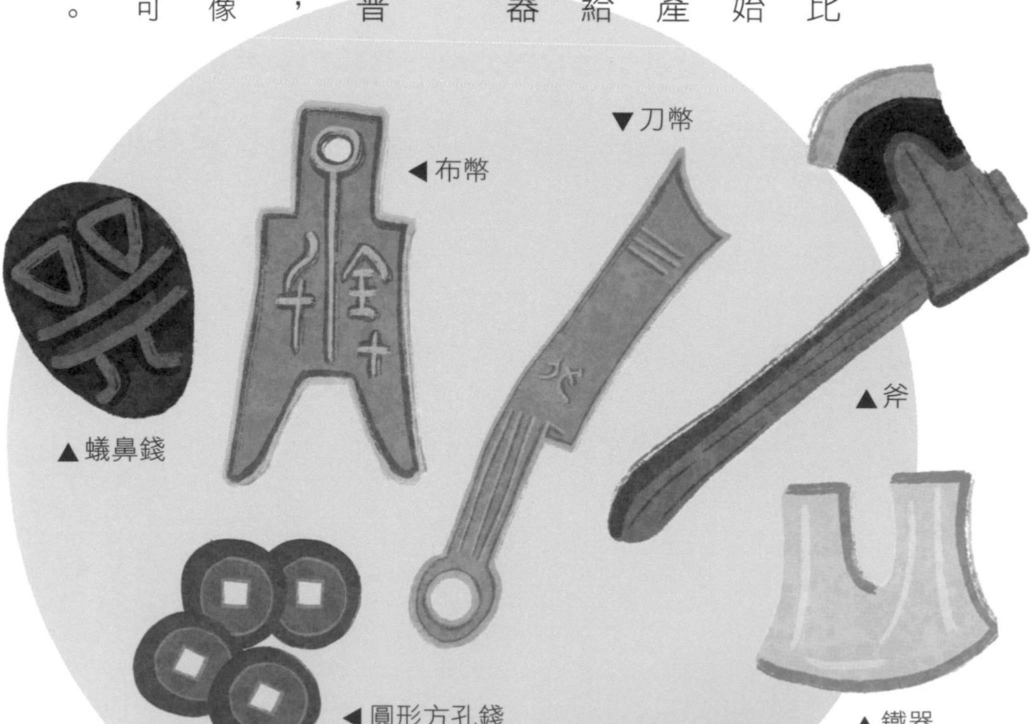
▲蟻鼻錢
◀布幣
▼刀幣
▲斧
◀圓形方孔錢
▲鐵器

歷史事件01

東周時代開啟！為什麼同時有兩個王？

周王朝「二王並立」

還記得那位因為「烽火戲諸侯」而惹怒所有諸侯的周幽王嗎？自從這位周幽王因寵愛褒姒而廢掉了王后申后和太子宜臼，申后的父親申侯便對周幽王這位昏庸的君主失去了耐

▶ 周平王不允許史書記載關於周攜王的事。

心。於是，「烽火戲諸侯」發生後，申侯便聯合早已蠢蠢欲動的繒(ㄗㄥ)國與犬戎，進攻周王朝。

最後，周幽王死在了驪山腳下，廢太子宜臼被申侯等諸侯迎回宮中，即位成為周平王。然而這時候，犬戎部落已經進駐鎬京，年幼的周平王短時間內無法與善戰的犬戎抗爭，於是周王朝決定先遷都到東邊的雒(ㄌㄨㄛˋ)邑（現今河南洛陽）。當時，帶頭護送王室的是秦國君主秦襄公。

而另一邊，以虢(ㄍㄨㄛˊ)公翰為首的諸侯並沒有跟隨周平王。他們認為，周幽王的死，與周平王背後的勢力有關，更何況周平王是被廢的太子，怎麼能夠繼承王位呢？於是，虢公翰等諸侯決定另外在莫國擁護周幽王的弟弟姬余臣為王，也就是周攜王（又稱惠王），形成周王室「二王並立」的分裂局面。

西元前753年，古羅馬王政時代開端

西元前750年，周攜王被殺，周王室統一

▶ 周攜王（姬余臣）是個賢能的王，很得人心。

結束分裂，政權一統

「二王並立」，看起來似乎是兩個王實力相當，但事實並非如此。攜王即位時已經二十多歲，當然比才剛滿十歲的平王更能治理國家。攜王的執政成績不錯，不論是內政或是外交的表現，都很得人心。

十年過去了，年幼的周平王終於年滿二十

大事記

世界 西元前776年，古希臘第一屆奧運會在奧林匹亞召開

中國 西元前770年，周平王把國都東遷到雒邑

歲，到了「弱冠ㄍㄨㄢˋ」之年。

他從小就聽多了眾人對攜王的稱讚，內心對這位叔叔一直非常介意。跟他一樣對攜王感到不滿的，還有晉國君主晉文侯。在地理上，莫國位於晉國北方。

余臣稱王後，莫國境內風調雨順，成為一方強國，這對晉國而言是個威脅，也阻礙了晉國向北擴張的可能。為了掃除障礙，晉文侯派出刺客刺殺攜王，並帶著攜王的死訊趕到雒邑，歸順周平王。

就這樣，周王朝由分裂進入統一，這個以雒邑為都城的新政權，就是東周。

成語講堂

諱莫如深

比喻隱瞞得非常嚴密，不為外人所知。

由於周平王不允許史書記載關於周攜王（姬余臣）的事，以至於正史對周攜王的記載都語焉不詳，因而有「諱莫如深」的成語。諱：隱諱。莫：莫國，是周攜王的封國，也用來代表周攜王。

歷史事件02

擊敗叛亂的弟弟

偏心的母親

鄭

鄭莊公：名寤生。
鄭國第三位國君，
是春秋諸侯抗衡王室之始。

東周統一後，諸侯依舊定期朝覲天子，但這時候坐在王位上的周平王，已經是有名無實的天子了。周平王行使權力時，常常需要鄰國鄭國的扶持。

當時鄭國國君是鄭莊公姬寤生。「寤生」是「逆著出生」的意思。鄭莊公出生時因為胎位不正，腳比頭先出來，所以他的母親武姜給他取名「寤生」。

由於生產過程不順，差點難產喪命，讓武姜耿耿於懷，難以真心愛護鄭莊公。後來，武姜又正常誕下一子，取名叔段。從此武姜就只偏愛小兒子，甚至在鄭莊公被封為太子後，還想幫助叔段奪取太子的位子。鄭莊公將這一切看在眼裡，記在心裡，但是並沒有過多抱怨。

鄭莊公即位後，武姜請求莊公將京邑賜給叔段，莊公也應允了母親的要求。叔段接管京邑後，絲毫不關心百姓生活，每天只顧擴建城牆，儲備糧草，想來是在為以後起兵造反、搶奪王位做準備。多位大臣見狀，都提醒鄭莊公：「大王，您一定要提防著叔段的篡位之心啊！」鄭莊公不以為意，說：「不用管他，多行不義必自斃。」

弟弟敗走　母子和解

過了一段時間，叔段覺得造反的時機已到。他事先和母親武姜商量，讓武姜做內應，為攻城的軍隊打開城門，接著就可以捉拿鄭莊公。消息傳到鄭莊公耳裡，這一次，他沒有一笑置之，馬上派出兩百輛戰車進攻叔段所在的京地。

▲鄭莊公與母親武姜和好。

大事記

世界 西元前721年，亞述國王薩爾貢二世滅以色列國

中國 西元前722年，鄭莊公平定共叔段之亂，魯史《春秋》開始記載

叔段沒想到莊公會提前攻過來，匆忙逃到鄢地，後來又逃到了共地，再也沒回過鄭國。

鄭莊公平定共叔段之亂後，對母親武姜的偏心終於忍無可忍。他把武姜放逐到城潁這個地方，還發誓：「這輩子，我們母子不到黃泉是不會再相見了！」這一聽就是氣話。果不其然，不久，鄭莊公就後悔了，他想念母親，卻礙於顏面，不願意主動打破誓言、向武姜示好。這時候，鎮守在潁谷的官員潁考叔知道了鄭莊公的煩惱，前來獻策。他對鄭莊公說：「大王想和母親和好，這有什麼難呢？您派人去找個有地下泉水的地方，把那裡當做黃泉，挖一條隧道。您和母親相約在那兒見面，互相把話說開，誰又會說您違背自己的誓言呢？」鄭莊公立刻照做，和母親武姜相見，冰釋前嫌。

成語講堂

多行不義必自斃

壞事做多了，必然會自取滅亡。由於叔段最後留在了共國，所以歷史上稱這次叛亂為「共叔段之亂」。也有史書將這段歷史記載為「鄭伯克段於鄢」。

歷史事件03

知人善任的老大哥！

齊

齊桓公：名小白。
齊國第十五任國君，
春秋五霸之首。

▼「春秋五霸」指的是春秋時期的五位霸主。除了他們以外，南方的吳王和越王，也是非常出色的領導者。這七位諸侯雖然並非同時在位，但透過這幅分布圖，可以了解他們的位置所在。

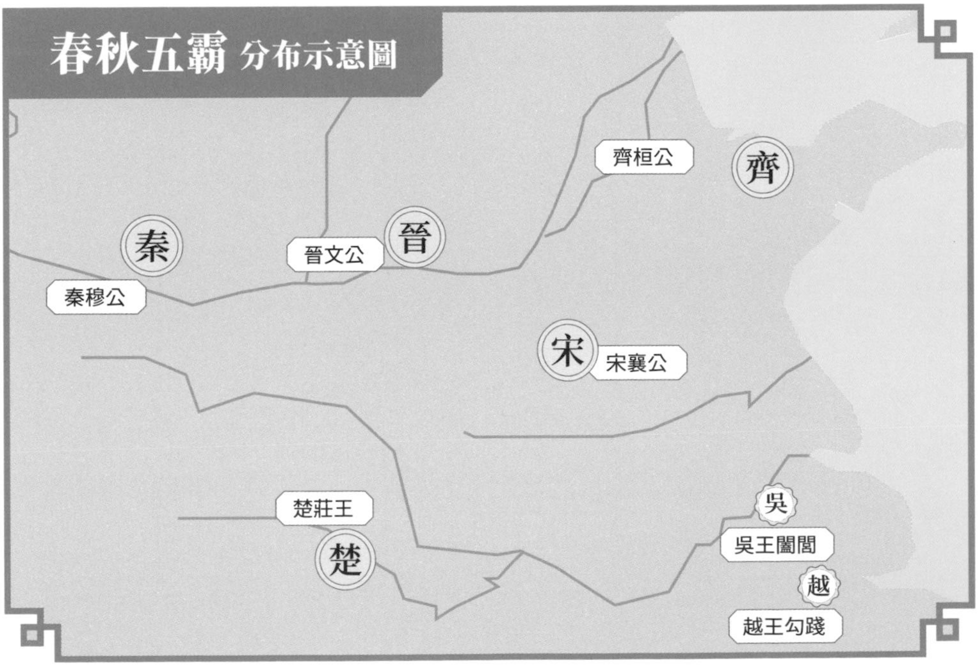

春秋第一位霸主

齊國（位於現在的山東）是商周時候姜子牙的封地。因為擁有黃河、泰山、渤海等得天獨厚的地理優勢，齊僖公在位期間，齊國不僅多次主持諸侯會盟，還跟鄭國一起擊敗了西北戎狄。這些功績，使得齊國成為諸侯國的領袖。

然而，齊僖公死後，繼位的齊襄公很昏庸，不久就被他的堂弟公孫無知聯合一些大臣把他殺害了。自立為王的公孫無知，後來也被自己的大臣謀害。齊襄公有個弟弟——公子小白，原本流浪在外，便回國即位，就是後來大名鼎鼎的春秋五霸之首——齊桓公。

大事記

	西元前687年	西元前651年
世界		
中國	西元前687年，中國首次記載天琴座流星雨	西元前651年，葵丘之會，齊桓公成為春秋第一位霸主

捐棄成見，任用賢才

當時還有一個人，與齊桓公一起回到國都臨淄ㄗ，那就是一直追隨他的大臣鮑叔牙。齊桓公登上君主之位後，想立鮑叔牙為齊相，鮑叔牙卻拒絕了，反而推薦自己的好朋友管仲出任齊相。管仲是小白的哥哥——公子糾的心腹，當初在兩兄弟爭奪王位的過程中，管仲出力幫助的是公子糾。齊桓公即位之初，就想鏟除公子糾的人馬，現在竟要他立管仲為齊相，這不是開玩笑嗎？

但是管仲的人生摯友鮑叔牙卻不放棄。他想方設法把管仲請到宮中，對齊桓公說：「君上如果只想治理好齊國，那有我和高傒ㄒㄧ就夠了。但是如果您想稱霸天下，那非立管仲為相不可！」齊桓公半信半疑，最後應允了鮑叔

成語講堂

管鮑之交

形容友情深厚，就像鮑叔牙與管仲一樣，相知相惜，相互扶持。

牙，心想：「就先聽聽這個管仲有什麼治國的高見吧。」

沒想到，齊桓公和管仲一談就停不下來，從怎麼治理國家談到如何稱霸天下。齊桓公覺得管仲果然是個人才，最終拋下成見，任用管仲為齊相。

管仲出任齊相後，幾次勸阻齊桓公大力鑄造兵器。他主張，國家自身體質的強大，遠比攻伐他國更重要。因此，管仲首先改革齊國的用人制度——凡是有志之士，都可以通過民間推薦和考核制度來為國效力，這也為日後科舉制度奠定基礎。同時，管仲還將「士農工商」（讀書人、農民、工人、商人）列為國家基石，使各階層百姓在社會上都能有穩定的工作。在管仲大刀闊斧改革下，從前制度混亂的製鹽業和鑄錢業也被收歸國家所有，齊國的經濟，史無前例的迅速成長。

內政趨於穩定後，齊桓公計畫向外擴張。管仲建議齊桓公，對於禮義之邦，先採取拉攏的手段，但是對於內部已經人心渙散的國家，可以直接攻滅。

這時，鄰國魯國剛結束內亂，新即位的魯國國君對政事還未能完全把持，於是，齊桓公立刻派出使者與魯結盟，穩定住魯國局面。當時魯國本是中原第一大諸侯國，從春秋到戰國時期，一直都有諸侯國定期向魯國進貢。魯國國君對於齊國出手相助，感念在心，往後數十年，這兩個鄰邦一直維持友好關係。

齊桓公雪中送炭的舉動，並非僅此一回，也因此，他漸漸成為諸侯國的領袖。

成語講堂

一鼓作氣

齊桓公與魯僖公交好之前，齊魯兩國曾有一場十分出名的戰役，那就是長勺之戰。這場戰役，齊國仗著兵力強盛，三次敲響戰鼓進攻魯國。而魯國軍師曹劌ㄍㄨㄟˋ在前兩次鼓聲響起的時候，都勸魯莊公按兵不動，並對莊公說：「打仗比的就是勇氣，一鼓作氣，再而衰，三而竭。現在，他們的勇氣沒有了，我軍卻剛剛鼓足勇氣。」果然，到了第三次戰鼓聲響，齊軍已經偃ㄧㄢˇ旗息鼓，再無之前的囂張氣焰，魯軍因此成功抵禦了齊國進攻。

這裡的「一鼓作氣」，指的是第一次擊鼓能振奮士兵的勇氣。現在「一鼓作氣」常被用來鼓勵人們鼓足幹勁，一次就完成所要做的事。

諸侯會盟是怎麼回事

春秋戰國時期，各諸侯國之間經常會盟。這樣的諸侯會盟，通常是由較強的國家提出一些新的制度和要求，讓前來會盟的諸侯進行討論，最後各國往往都對強國提出的要求表示接受，並遵守約定。齊桓公在位期間，就曾多次召集各諸侯國會盟，史稱「九合諸侯」。

九合諸侯，其中有兩次最重要。第一次是「北杏會盟」，那一次，眾諸侯推選齊桓公擔任諸侯盟主，首次承認齊桓公的霸主地位。第二次是「葵丘之會」，連周朝天子周襄王也派使者出席。可見當時齊國霸業達到頂峰。

▲鮑叔牙把他的好朋友管仲推薦給齊桓公。管仲很有才華，
後來果然是齊桓公的得力幫手。

歷史事件04

打仗還講禮貌！

宋

宋襄公：名茲甫。
宋國第二十任國君，
春秋五霸之一。

齊桓公在位時間很長，執政四十三年後因病去世。他料定幾位公子一定會為了爭奪王位大打出手，所以他在生前就提前託宋國君主宋襄公幫忙，請宋襄公協助太子昭，成為新一任齊國國君。

宋襄公沒有辜負齊桓公的付託，協助太子昭即位，成為齊孝公。齊國內亂結束後，宋襄公的

大事記

世界

中國　西元前638年，楚宋泓水之戰

義舉廣受天下好評。但同時，他的野心也蠢蠢欲動起來。宋襄公心想：「現在諸侯會盟群龍無首，不正是我稱霸天下的好時機嗎？」於是他效仿齊桓公，以盟主身分召集諸侯會盟。他的動作惹惱了國力更強的齊、楚兩國。會盟那一天，楚成王直接派人將宋襄公抓回楚國囚禁起來，直到魯國出面調解，才將宋襄公釋放。

▼楚軍與宋軍在泓水相遇了。

是守禮還是矯情？

回國後的宋襄公一直對楚國懷恨在心。一天，他聽說鄭國非常支持楚國成為諸侯國的新霸主，心中十分不悅，決定親自率兵攻打鄭國。鄭國得到消息，立即派出使者前往楚國搬救兵。不久，楚軍與宋軍就在泓水兩岸相遇了。

兩軍相遇，宋軍發現楚軍陣容龐大，於是建議宋襄公趁楚軍渡河時發動突襲。宋襄公卻一口否決，認為這樣不夠光明磊落，是不義之舉，他說：「等楚軍全都渡河、列隊整齊後，我們才正式開戰。」

最後，宋軍被驍勇善戰的楚軍打得節節敗退，宋襄公本人也在泓水之戰身負重傷，第二年傷重不治而死。

假如我是宋襄公，應該不會做出那麼傻的決策吧？

歷史事件05

沒有公族的最強諸侯！

晉

晉文公：名重耳。
晉國第二十二任國君，
春秋五霸之一。

唯一沒有公族的諸侯國

在周朝的宗法社會裡，嫡長子是家族的絕對繼承者。嫡長子的家族被稱為「大宗」，其他兒子的家族則被稱為「小宗」。

西元前七四五年，晉文侯的弟弟桓叔，得到了一塊比晉國國都翼城還大的封地——曲沃城。桓叔一族搬到曲沃之後，把這裡治理得井井有條，勢力幾乎與翼城相當，因此桓叔野心大增，想取代晉國大宗。於是，曲沃小宗與晉國大宗之間發生了多次戰爭，可以說，這是晉國大宗長達七十年的一次內亂。最後，曲沃桓叔的孫子武公即位，並在與晉國大宗的戰爭中獲得勝利，奪得晉國大權。

為了防範類似事件再次發生，晉國境內的其餘公族（有著周王室血統的公子們）全部被誅殺，晉國也逐漸變成春秋時期唯一一個沒有公族的諸侯國。

重耳流亡十九年

春秋五霸之一的晉文公，就是在這個時期登上了歷史舞臺。

晉文公名叫重耳，在稱霸中原之前，他因父親晉獻公聽信讒言，被迫

大事記

世界

中國　西元前636年，重耳返晉即位，是為晉文公

在外流亡了十九年。十九年間，重耳在八個諸侯國之間顛沛流離，有的出手相助，有的袖手旁觀（請注意，晉文公和前面說的晉文侯可不是同一個人）。

▼晉文公重耳，曾被迫長年在外流亡。

重耳輾轉去到楚國後，受楚成王邀請參加宴席。席上，楚成王問重耳：「你要是能成功回到晉國，如何報答我今日對你的禮遇呢？」重耳想了想，答道：「大王見過那麼多奇珍異寶，我肯定拿不出更好的了。但以後若晉、楚兩軍交戰，我軍一定先退避三舍以求休戰。可是如果到時楚軍不願休戰，那麼我軍也定奉陪到底。」楚國大臣子玉認為他這番言詞太過狂妄，勸楚成王趁這時候把他除掉。但楚成王並不贊同，反而很欣賞重耳的為人。

重耳離開楚國後到了秦國。當時在位的秦穆公同樣十分欣賞他，親自派兵護送他回晉國奪得君位。晉文公即位後，在晉國建立了三軍六卿制度，將國家交由任六卿的十一個世族輪流管理。

晉文公一戰揚名

西元前六三三年，宋國又被楚軍圍攻。晉文公記起自己流亡在外時，宋襄公曾出手相助，於是率兵趕往宋國，想報答以前的恩情。同一時間，楚軍將領子玉聽說晉文公親自出馬了，不顧楚成王反對，帶領了四萬兵馬前去抵禦。於是，晉、楚兩軍在城濮相遇。晉文公沒有忘記自己對楚成王許下的諾言，命令自己的部隊退讓九十里。然而子玉不但不退兵，反而率軍冒進，最後晉軍大敗楚軍，子玉含恨自殺。

經過城濮之戰，晉文公一戰揚名，周襄王封他為諸侯之長，晉文公稱霸中原的霸業隨之開啟。

成語講堂

退避三舍

主動退讓九十里，比喻為了避免衝突而主動退讓。古代一舍是三十里。

大事記

世界

中國　西元前633年，晉楚城濮之戰（晉文公成為春秋第三位霸主）

成語講堂

唇亡齒寒

嘴唇沒有了，牙齒就會感到寒冷。比喻兩者關係密切，相互依存，利害與共。

西元前658年，晉獻公想要出兵攻打虢國，最近的出征路線是經過位於兩國之間的虞國。於是，晉獻公派人前往虞國，請虞公同意打開國門，讓晉軍借道通行。虞公準備應允，大臣宮之奇卻出言勸阻：「虢國在虞國的外圍，兩國的關係像牙齒與嘴唇一樣相互依存。如果虢國被滅，虞國肯定也會被連累，借道一事萬萬不可啊！」然而虞公認為晉國與虞國向來交好，更屬同宗，怎麼可能攻打虞國呢？於是同意借道。結果，晉軍果然在滅掉虢國後趁機偷襲虞國，擄走了虞公和大夫井伯，虞國自此滅亡。

原來是這樣啊

鹽的力量

小小的一粒鹽，會有什麼力量呢？

百姓每天做飯都需要鹽，然而人們很難自己製鹽，必須從商人手中購買。這樣一來，國家就能通過鹽的流通，收取商人的稅金。如果一個國家靠近大海或是鹽湖，那就等於擁有龐大的金庫。

春秋時期，齊國東臨大海，晉國境內有天然鹽池，豐富的鹽產，讓齊國、晉國自然而然成為稱霸一方的經濟強國。

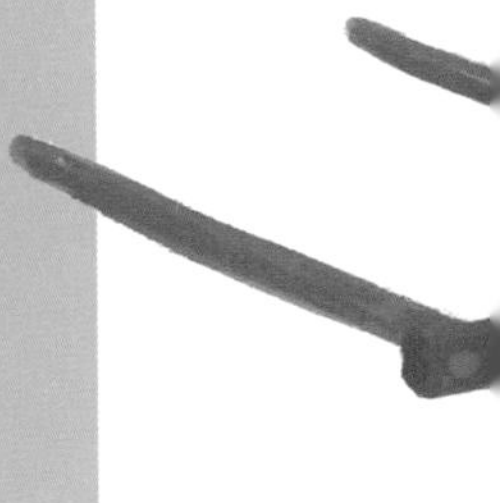

歷史事件06

稱霸西戎的諸侯！

秦

秦穆公：本名任好。
秦國第九任國君，
春秋五霸之一。

西元前六二八年，晉文公去世。蟄伏多年的秦穆公，終於按捺不住稱霸中原的野心，開始向東擴張領土。秦穆公盤算：「要稱霸中原，總得先攻下一個諸侯國吧。」

這時，鄭國君主鄭文公去世。秦穆公覺得這正是拿下鄭國的好機會，便召來老臣蹇（ㄐㄧㄢˇ）叔商討出征鄭國的計畫。

蹇叔一聽秦穆公想攻打鄭國，極

大事記

世界：西元前621年，古希臘雅典頒布《德拉古法典》

中國：西元前623年，秦國稱霸西戎，秦穆公成為春秋第四位霸主力反對：「鄭國本就不是我們的鄰國，中間還隔著強大的晉國，硬去征討它，不僅會使軍隊疲憊，還會讓對方有充足的時間做防備。這樣做，百害而無一利，請大王三思啊！」

然而秦穆公覺得蹇叔是因為年紀太大，過於保守，所以決定按照計畫攻鄭，派出百里奚的兒子孟明視和西乞

▼秦穆公收服西戎各部落之後，成功成為春秋五霸之一。

術、白乙丙，共三名大將出征鄭國，蹇叔的兒子也隨軍出征。出征前，蹇叔流著淚送別兒子，說：「這次你們出征會經過晉國，晉軍肯定會在殽（一ㄠˊ）山伏擊你們。殽山有兩座山峰，我恐怕是要去中間那條隘（ㄞˋ）道為你們收屍了。」

不久，蹇叔就收到秦軍無功而返的消息。不僅如此，秦軍在退兵西歸途中，還遭到晉軍布置在殽山的伏兵襲擊。殽之戰，秦軍被全數殲滅，三名大將都遭俘虜，押到晉國。

秦穆公在殽之戰遭受莫大的挫敗，他知道短時間內很難再向東擴張，但他仍然野心不減，不滿足於現有的疆土。後來，秦穆公決定先去解決一直在邊界騷擾秦國百姓的西戎部落。秦軍一路向西，收拾了西戎主要部落後，剩餘數十個小部落見秦軍來勢洶洶，也就全都歸附了秦國。秦國因此擴張了領土千里，當時在位的周襄王，為此特別派使者前去祝賀。秦穆公也正式晉身春秋五霸之列。

歷史事件07

第一個敢於問鼎的諸侯！

楚國崛起

看到這裡，你有沒有發現春秋時期大多數君主都是「公」或「侯」？

周朝的爵位共分為五等，由高到低分別是：公爵，侯爵，伯爵，子爵，男爵。周王朝以黃河流域為中心，看待長江流域的諸侯國，都視為偏遠的南蠻地區，因此，這些地區的國君，只能受封子爵這種比較低的爵位。

楚

楚莊王：名旅（又作侶）。楚國第二十二任國君，春秋五霸之一。

到了春秋時期，周王朝實力變弱，以楚國為首的南方諸侯國一步步崛起。早在西元前七四〇年，楚國國君熊徹就僭越稱王，是為楚武王。

楚國在楚武王、楚成王帶領下，日漸強大。楚莊王即位，更是大力發展農業經濟，讓楚國百姓的生活變得更為殷實，也讓楚國一步步從南蠻小國邁向強盛。

九鼎有多重？

西元前六〇六年，楚莊王率兵征伐陸渾戎。

陸渾戎離周朝都城雒邑很近，於是楚莊王借機將軍隊駐紮在雒邑城外。這可把才即位不久的周定王嚇壞了，急忙派大夫王孫滿前去慰問楚莊王。楚莊王見周定王不親自來慰問，心裡不悅，直接

大事記

世界

中國

西元前613年，魯史《春秋》寫下世界上對哈雷彗星的最早紀錄

西元前597年，楚晉邲之戰，楚莊王成為春秋第五位霸主

成語講堂

問鼎中原

比喻有心稱霸，或圖謀政權。典故出自楚莊王詢問九鼎大小，顯現有心覬覦周天子的地位。

問王孫滿：「九鼎的大小輕重如何？」話畢，大臣們都倒吸一口氣。九鼎是周王朝政權的象徵，楚莊王這麼一問，對周王朝的挑釁昭然若揭，不知這王孫滿會如何應對。

好在王孫滿本就善於應對刁難，並沒有被楚莊王的囂張氣焰嚇到，說道：「自古以來，鼎的輕重大小就不在於實際的重量，而是在於持有者的德行。九鼎是上天賜予周朝的，雖然周現在國運不濟，但天命並沒有改變。因此，這九鼎的輕重大小依舊是不能隨意問的。」王孫滿的從容應對，壓制了楚莊王的囂張氣焰。為了顯示自己的德行與氣度，楚莊王只好帶領軍隊回到南方。

擊敗勁敵　楚國稱霸

楚莊王問鼎中原的企圖心雖然被暫時壓制，但是他並沒有打消向中原擴張的計畫。在稱霸之路上，楚國最大的勁敵便是晉國。雖然在城濮之戰，楚軍被晉軍打敗，但三十年過去，楚軍實力早已恢復，加上秦、宋兩國歸順，楚莊王的霸主之位似乎近在眼前。偏偏這時，出現了一個令他不安的變數，那就是鄭國國君鄭襄公。

與秦、宋兩國不同，鄭國一直是牆頭草，一會兒跟隨晉國，一會兒又跟隨楚國。於是，為了拿下鄭國，晉、楚兩國之間爆發了第二次戰爭——邲（ㄅㄧˋ）之戰。

▶楚國的將軍與士兵。

這場戰役，一方是由楚莊王親自帶領的楚國軍隊，另一方是由名將荀林父帶領的晉國軍隊。交戰之際，晉軍內部還在為是否出兵而爭執。楚莊王見晉軍人心渙散，立刻率領士氣高漲的楚軍開戰，一舉擊潰晉軍，洗刷城濮之戰吞敗的恥辱。

邲之戰，楚國勝利，鄭國最終向楚國屈服。沒過幾年，魯國也在大勢所趨之下選擇依附楚國。楚莊王終於贏得中原霸主的地位。

成語講堂

一鳴驚人

一聲鳴叫使人震驚。比喻平時表現平平，卻突然做出驚人的事情。「一鳴驚人」與「大器晚成」，都被韓非子用來描述楚莊王即位初期的表現。

楚莊王熊旅是楚穆王的嫡長子，西元前六一三年，不到二十歲登上楚國王位。面對楚國內部種種矛盾，他選擇韜光養晦。三年間，他表面不問朝政，天天縱情歌舞，但暗地裡卻在全面了解朝廷結構，為日後穩定國內局勢做準備。三年後，楚莊王羽翼漸豐，率軍攻滅了進犯楚國的庸國，同時任用以孫叔敖為首的大批賢臣，大力發展楚國國力，成為一代明君。

歷史事件08

新的土地制度帶來什麼影響？

周王朝統治下的社會，土地制度是井田制。通過井田制，土地被分割為九個小方塊，四周八塊是私田，中間一塊是公田。奴隸主讓奴隸去無償耕種這些私田，並且將所有收獲納為己有。而最中央的那塊公田，則是由四周私田的奴隸主共同負責耕種，然後將獲得的收入全部上繳給封地的貴族。

根據井田制規定，無論是公田還是私田，土地所有權都屬於周王朝。在私田上耕種的奴隸主不能私下轉讓田地，普通百姓更不可能擁有土地。但這並不符合人們的願望，所以到了西周後期，公田逐漸衰敗，私田發展了起來。面對這個趨勢，許多國君不得不進行改革。

社會生產力提升

春秋晚期，齊、晉兩國首先把一些田分給了耕種者，魯國則率先實行了初稅畝。初稅畝是在井田制原有的土地劃分下，對私田和公田都按照土地面積收取統一的賦稅，直接認可了普通百姓擁有土地的合法性。這樣一來，百姓都更願意為了自己的利益而耕種，魯國的社會生產力也因

約西元前565年，佛教創始人釋迦牟尼出生

約西元前571年，老子出生

而大幅提升。

黃河第一次大改道

周定王五年（西元前六〇二年），黃河決堤。洪水從宿胥口奪河而走，一路向東，最終從滄州流入渤海。這是歷史上有文字記載的第一次黃河改道，同時也是一次因自然原因造成的大改道。

黃河流域是中華文明最主要的發源地。上游地區大部分是山地丘陵，中游地區則是黃土高原。因此，河水流到中游，無法避免會帶走大量流沙，這些流沙一路流到下游地區，就堆積出了大量沙包。隨著時間推移，這些沙包越堆越多，越堆越高，漸漸阻擋了黃河水流原本的流向。這

大事記

世界
- 西元前594年，雅典實行梭倫改革

中國
- 西元前602年，有文字記載以來黃河第一次大改道
- 西元前594年，魯國實行初稅畝

就是黃河自然改道的緣由。

對於住在黃河沿岸的百姓來說，突如其來的洪水，無疑是難以預知的災難。農田被淹沒，房屋被沖走，大批災民無家可歸。

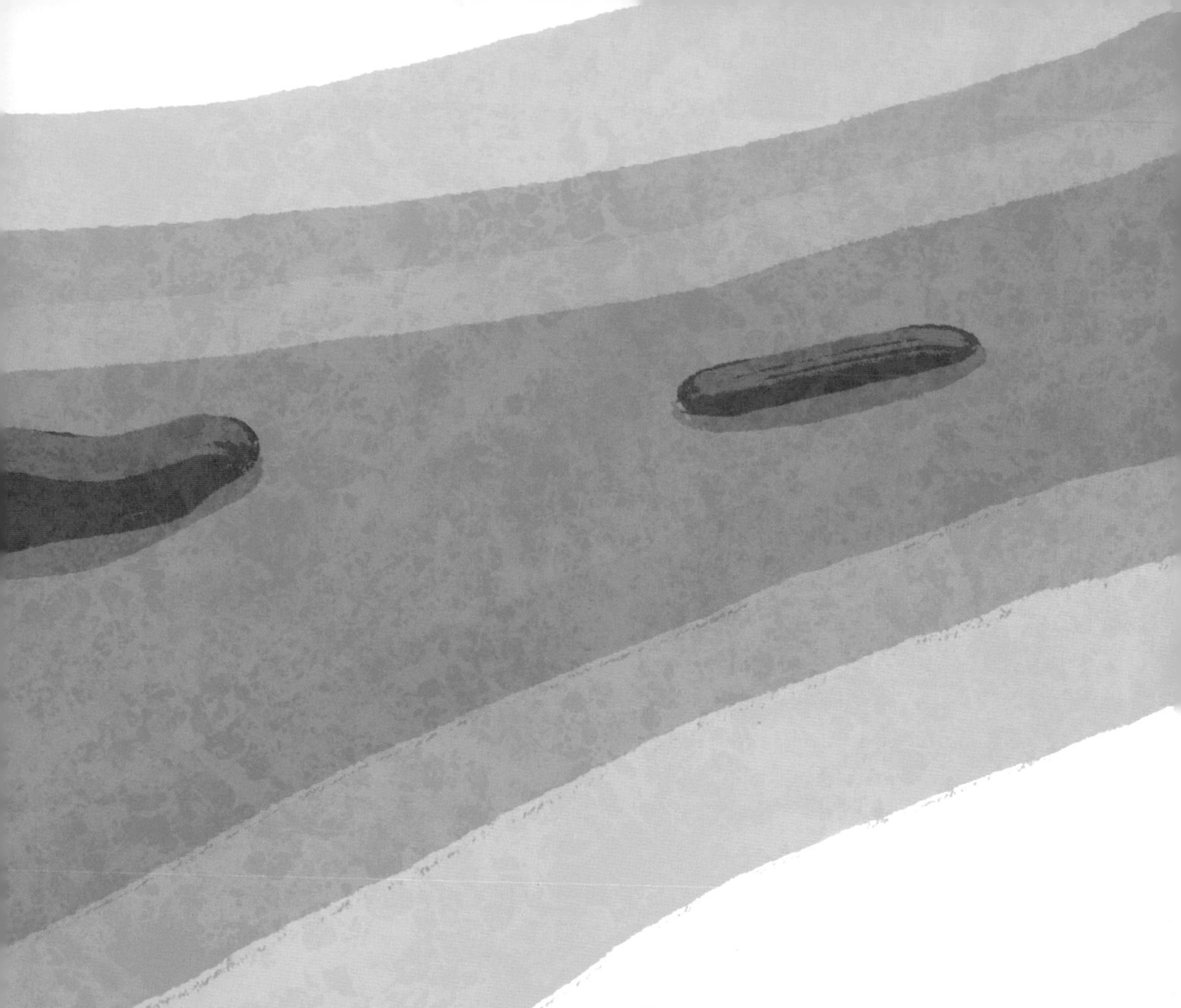

◀流動的黃河會帶走大量的流沙，它們堆積成沙包，慢慢改變著黃河的流向。

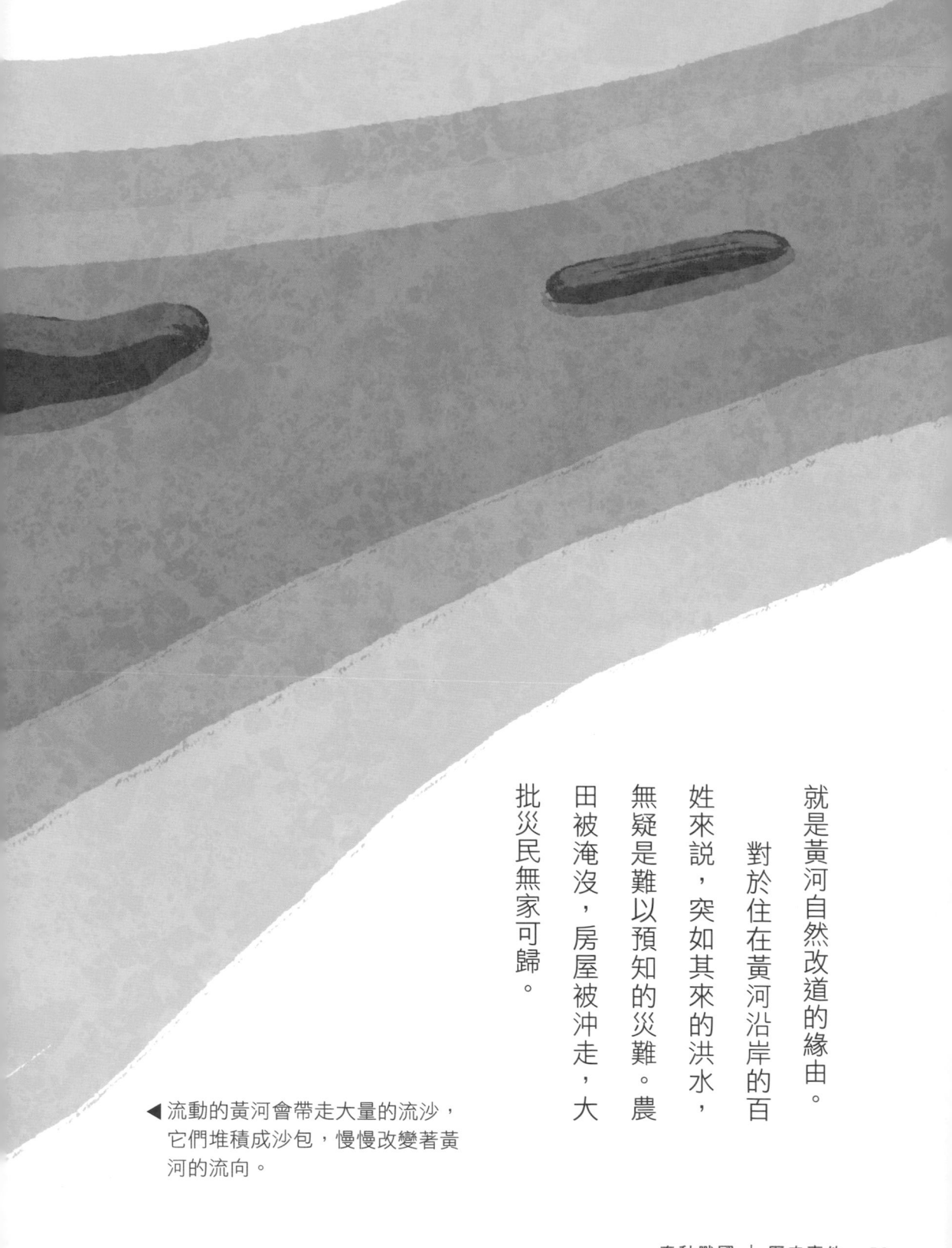

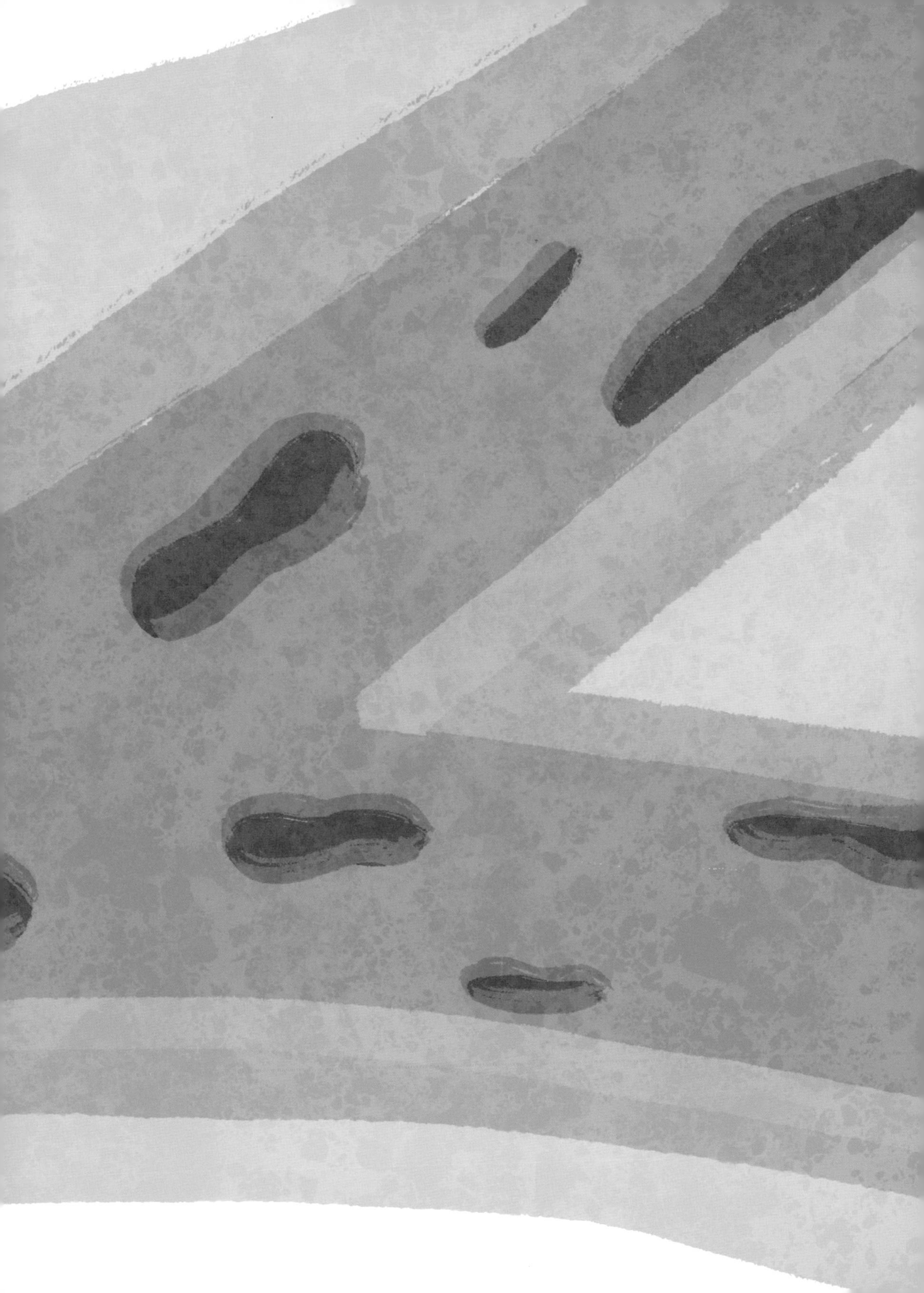

歷史事件09

是誰平息了中原的戰火？

春秋中後期，各諸侯國之間的爭鬥，從多國混戰漸漸演變為晉楚兩強爭霸。但這兩個大國非常狡猾，它們從來不在自家境內打仗，偏愛在鄰國土地上大打出手。其中受晉楚戰爭連累最嚴重的，就是位於中心地帶的宋國。

宋國一直被

大事記

世界
西元前550年，波斯第一帝國成立

中國
西元前551年，孔子出生於魯國
西元前546年，第二次弭兵會盟

視為禮義之邦。到了這個時期，宋國早已退出爭奪中原霸主的競爭。即使屢遭晉楚戰爭影響，宋國國君也沒有過多怨言，一直保持中立的態度。直到西元前五七九年，一個名叫華元的宋國大夫，不願再看到宋國百姓受戰爭之苦，於是派人將晉、楚兩國的使者請到宋國，促使兩國簽訂了休戰約定，這就是著名的「華元弭兵」（「弭兵」就是平息戰爭的意思）。

▲宋國大夫華元，邀請晉、楚兩國使者到宋國，約定休兵。

可惜，晉、楚兩國卻都沒有認真看待休戰的約定。「華元弭兵」之後不久，晉、楚兵力都恢復到了最佳狀態，雙方同時撕毀約定，再次到鄢陵打了起來。雖然最後晉國取得勝利，但是晉、楚兩國的主力軍隊都在這場戰爭中遭受重創，兩國之間的熊熊戰火這才終於平息。

西元前五四六年，宋國又有一位大夫發起弭兵會盟，他就是向戌（ㄒㄩ）。華元發起的休戰約定僅限於兩個國家，而向戌邀請的諸侯國卻有十四國之多，曾經稱霸的中原霸主，都在參加會盟名單上。

這次會盟後，各國終於握手言和，還將晉、楚奉為中原霸主，各自平分霸權。接下來的十幾年，大國之間的關係漸漸緩和，諸侯爭霸的中心，也漸漸從北方轉移到南方。

歷史事件10

以少勝多的南方霸主！

吳

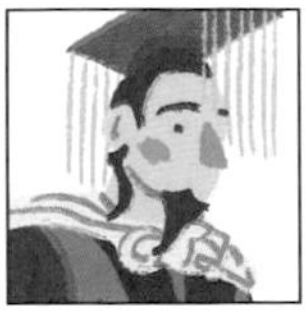

吳王闔閭：名光。
吳國第二十四任國君。

在中原各諸侯國還沒息兵罷戰之前，位於長江中下游的吳國，已經悄然崛起。

西元前五八六年，吳國國君壽夢自稱為王。他剛登上王位，就派使者到中原去，目的是和各方勢力結盟，後來得到晉國的扶持。在晉國幫助下，壽夢大力發展軍事，不僅引進戰車，還讓士兵演練各種排兵布陣的方法，成功壯大了吳軍。不過，最終帶領吳國稱霸的，是後來的國君闔閭（ㄏㄜˊ ㄌㄩˊ）。

專諸刺殺吳王僚

闔閭本名光，在登上王位之前被稱為公子光。

吳國國君吳王僚還在位時，公子光就對吳王僚的位子虎視眈眈。這時正巧來了一位投奔吳國的楚人，他看出了公子光的企圖心，對公子光說：「我有辦法幫助公子坐上王位。」這個人就是伍子胥。

伍子胥的計畫很簡單，他要刺殺吳王僚。於是，他向公子光引薦了一名刺客——專諸，讓公子光將專諸留在府裡當門客。

公子光接納了專諸，不久後便邀請吳王僚來敘舊。吳王僚是一國之君，護衛的軍隊從宮城一直排到宴會門前。公子光為了不讓行動暴露，將宴會設在一間隱密的地下室。

大事記

世界：西元前499年，希波戰爭爆發；約西元前484年，古希臘歷史學家希羅多德出生

中國：西元前506年，吳楚柏舉之戰

宴會開始後，專諸扮成僕人的模樣，端著一道烤魚，緩緩走入地下室。走到吳王僚面前時，他迅速從魚腹掏出事先藏好的魚腸劍，將吳王僚一擊斃命，但他自己也死在衛隊的長矛下。眼看吳王僚和專諸接連倒地，公子光放出了埋伏在地下室的侍衛，將剩餘的吳王僚人馬全部誅殺。

刺殺行動順利結束，公子光率領部

▲專諸暗藏魚腸劍，刺殺吳王僚。

隊入主宮城，自立為王，也就是吳王闔閭。坐上王位後，闔閭沒有忘記專諸的功勞，將專諸的兒子封為上卿，並且一直對專諸的後代照顧有加。

攻入郢都　闔閭成就霸業

闔閭雖然成功即位為吳王，但憑他一己之力，吳國依舊很難和南方霸主楚國抗衡。就在這時候，那些一直被楚國欺負的小國，決心集體對抗楚國。

闔閭聽到消息後，心想：「如今多方勢力一起抗楚，我可不能錯過這個千載難逢的機會！」於是，他帶著三萬兵力，浩浩蕩蕩向楚國的國都郢都逼進。

從地理位置看，吳國位於楚國下游。因此，如果吳軍坐船前往楚國，逆水行舟，速度會非常緩慢。吳軍的軍師孫武就對闔閭說：「大王，我們還是派一

▶ 吳軍兵分兩路攻打楚國，一路走水路，一路走陸路。

部分軍隊走陸路吧！趁楚軍沒有防備，讓這隊前鋒打他們一個措手不及。」闔閭採納了孫武的建議，隨即派出三千精兵，一路兼程到漢水。

吳軍突然出現，嚇壞了當時在位的楚昭王。在毫無準備的情況下，楚昭王急忙出兵抗敵。被派去抗敵的楚國將領囊瓦，是個好大喜功的人，滿腦子想的都是如何立功領賞。面對吳國大軍，囊瓦不顧大局擅自渡河，一路追擊吳軍到大別山一帶，結果卻三戰三敗。最後，吳、楚兩軍在柏舉對峙，闔閭的弟弟夫概帶領軍隊主動出擊，打得楚軍陣腳大亂，逃的逃，投降的投降。

楚昭王聽到楚軍戰敗的消息後，連夜向西逃跑。最後闔閭帶領軍隊順利攻下郢都，吳國也從區區小國一躍成為南方霸主。這次吳楚相爭，就是歷史上著名的以少勝多戰役——柏舉之戰。而吳國致勝關鍵，是有精通戰術的軍師孫武；孫武寫下著名兵書《孫子兵法》十三篇，被後世奉為「兵聖」。

歷史事件11

春秋時期的最後一位霸主！

越

越王勾踐。
春秋時期最後的霸主。

吳越之爭

吳國稱霸後，鄰近的越國不高興了。

越國位於吳國南邊，一直想北上進入中原，但吳國並不會任由越國從自己的國境穿過去。因此，吳、越兩國之間的戰爭一直沒能停歇。

吳國與越國都是位於長江中下游的諸侯國，能夠崛起，都與前面提到的「晉楚

大事記

世界：西元前469年，古希臘哲學家蘇格拉底出生

中國：西元前473年，越王勾踐滅吳

爭霸」有關。一開始，晉國為了制約楚國，出手幫吳國發展軍事。楚國見鄰居吳國越來越強，擔心自己的南方霸主之位不保，便開始扶植吳國旁邊的越國。

西元前四九六年，吳王闔閭親自率兵攻打越國。這時越國的君主是剛即位不久的越王勾踐，在勾踐指揮下，越軍佔了上風，越國大將靈姑浮還成功斬下闔閭的大腳趾。此戰勝負已定，身負重傷的闔閭只好先回國療傷，但傷勢一直沒有好轉。不久，闔閭便病逝宮中。吳國的王位傳給了闔閭的兒子——夫差（ㄈㄨ ㄔㄞ）。

臥薪嘗膽的故事

夫差即位後，第一件事就是報殺父之仇。

遠在越國宮中的勾踐，似乎感受到了夫差的怒火，他不顧大臣的勸阻，決定先發制人。然而夫差等的就是這一天。為了報仇，夫差派出訓練多時的五萬精兵，與三萬越軍大戰於夫椒山，最後打得越軍節節敗退。勾踐這才意識到自己的莽撞，只好先向夫差請降，並許諾從此越國就是吳國的附屬國。

吳國大臣伍子胥並不相信勾踐。他勸夫差：「大王，千萬不要和勾踐講和啊！他並不是一個貪圖安樂的人，現在講和，越國日後一定會反咬一口的！」但夫差當時心中惦記著中原霸主的位子，沒有心思與越國糾纏。於是，他答應撤軍，但有一個條件，那就是越王勾踐和越國大臣范蠡(ㄌㄧˊ)必須做為人質，待在吳國。

▶ 勾踐與范蠡成了吳國人質，要服侍吳王。

成語講堂

臥薪嘗膽

用勾踐的故事，形容一個人為了完成目標，忍辱負重，發憤圖強。

勾踐是一國之君，卻成為人質被帶到吳國，已經是奇恥大辱，然而吳王夫差的復仇計畫還沒結束呢。為了宣洩心中怒氣，夫差讓勾踐和范蠡去田野間放牛牧羊，還讓勾踐和范蠡做很多粗活，把他們當成僕人對待。勾踐忍辱負重，終於在三年後獲釋，回到越國。

回國後，勾踐一刻都不敢放鬆。為了牢記在吳國三年所受的恥辱，勾踐每天睡在柴草堆上，第二天清晨醒來再嘗一口掛在牆上的苦膽。艱苦的環境加上苦澀的膽汁，讓勾踐更堅定了要讓越國強大起來的決心！

接下來的十年，勾踐將大部分政事交給重臣負責，自己每天跑到農田與農夫一起耕地。越國百姓看到國君如此勤懇，也都願意辛勤勞作。同一時間，勾踐與范蠡為了防止吳國繼續壯大，將精挑細選的一位越國美人獻給夫差。夫差得到美人後，果然十分高興，為她修建華麗的宮殿，無心朝政，成天在美人宮中欣賞歌舞。這位越國美人就是西施。

稱霸中原的機會來了！

西施雖然影響夫差對國事的專注，卻難以動搖夫差想要稱霸中原的野心。在夫差眼裡，越國早已不是對手。夫椒山一役結束後，勾踐也沒有什麼越線的舉動。夫差便覺得少了這後患之憂，稱霸中原的機會不就在眼前嗎？

西元前四八二年，夫差帶著萬人大

◀勾踐臥薪嘗膽，最終成就大業。

軍，浩浩蕩蕩前往黃池（在現今河南省）與諸侯會盟。勾踐趁吳國全軍遠征，帶兵攻進吳都，殺了吳國太子。儘管夫差得到消息後率兵趕回，但吳國從此不再能夠掌控越國。

到了西元前四七三年，勾踐再次伐吳。這是兩國之間最後一次交戰，這時夫差已失去了往日的霸主氣焰。勾踐帶兵攻進吳國宮城，夫差本想求和，但被范蠡拒絕。最後，夫差拔劍自盡，吳國滅亡。

緊接著，勾踐在徐州與各諸侯會盟，成為春秋時期最後一位霸主。

而勾踐的心腹大臣范蠡，則在勾踐成功稱霸後選擇隱退，以「陶朱公」的名字到市井間做起了生意。憑藉過人的頭腦，范蠡成為非常成功的商人。

趣味典故

東施效顰

相傳西施在被范蠡獻給夫差之前，發生過一個小故事。西施偶爾會心口痛，但美貌如她，即使痛起來皺著眉頭、捂著胸口，也是楚楚動人。鄰居女孩因此盲目模仿西施的樣子，以為也會很美，卻被當成笑話。這就是「東施效顰」的由來，比喻盲目模仿別人，卻適得其反。

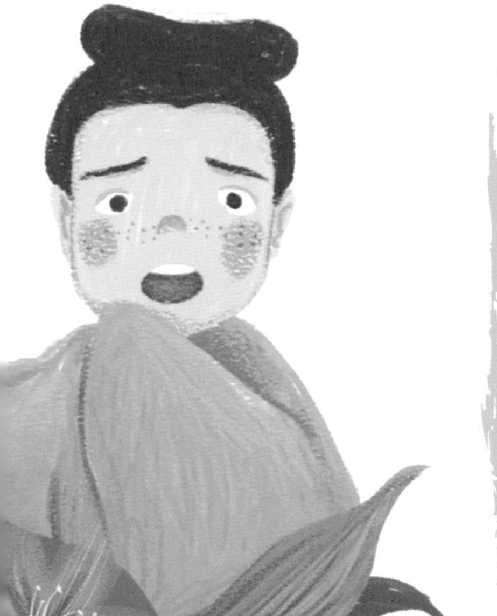

歷史事件12

一本書，講完春秋歷史

春秋時期，諸侯國只要會打仗，就有機會成為中原霸主。但是靠武力獲得的霸主之位，很難讓人信服，要想真正贏得天下的尊重，最重要的條件有兩個：一是擁有周朝的王室血統，二是保留周朝的禮儀。

西周時候，有一位對周朝政局和儒家思想都十分重要的人物，他的名字叫姬旦，是周武王姬發的四弟，後世稱他為周公旦。

西周初年，周公旦的長子伯禽得到一塊封

地，就是魯國。魯國立國時間早，因此對傳統周禮的保存和實施非常完整。到了春秋時期，魯國自然成為各諸侯國中最有聲望的國家。

自周平王遷都到雒邑，魯國史官就開始按照時間順序記錄各國的重要事件。諸侯國若是發生了大事，會專門派遣使者去魯國報告。但春秋時期社會動盪，各諸侯國有時也會忘記報告。所以，後來人們在研究春秋歷史時會發現，其他史書中有許多《春秋》一書沒有記載的事件。但這並不會影響《春秋》的重要性，只怪當初各諸侯國太忙了！

《春秋》全書用語精練，普通百姓很難讀懂。因此便出現了很多解釋《春秋》的書籍，其中最重要的便是「春秋三傳」——《公羊傳》、《穀梁傳》、《左傳》。孔子晚年曾花費很大的精力整理《春秋》，由他整理過的版本，就是現

大事記

世界　西元前427年，古希臘哲學家柏拉圖出生

中國　西元前497年，孔子開始周遊列國

在留存下來的《春秋》。

後人讀《春秋》，會發現孔子作《春秋》，行文中雖然不直接闡述對人物和事件的看法，但是卻委婉而微妙的表達作者主觀看法，常以一字一語，隱含褒貶。文字句式雖簡短，但總能精準表達作者思想，展現高妙的語言藝術。因此，後世把這種簡練而能切中核心、意含褒貶的文字，稱為「春秋筆法」，也用來形容那些微言大義的作品。

歷史事件13

戰國七雄誕生！

亂世再臨

春秋的盡頭，就是戰國亂世的開始。當時影響力最大的七個國家被稱為「戰國七雄」，分別是：齊、楚、燕、韓、趙、魏、秦。

還記得晉文公重耳在晉國設置的三軍六卿制度嗎？這個制度

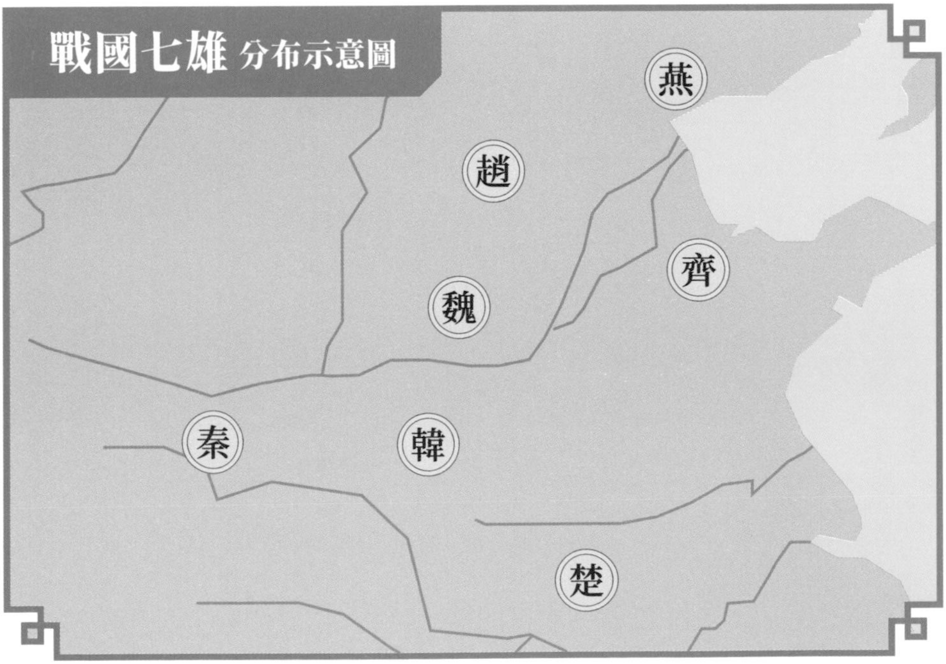

春秋時期稱霸一時的晉國不見了，這是怎麼回事呢？

改革，不僅重整了軍隊，還將晉國的管理權交給了十一個六卿世家，後來由韓氏、趙氏、魏氏、智氏、范氏、中行氏六家，長期佔據卿位。為了防止一方獨大，這六大世家一直相互牽制，度過了兩百多年。到了晉定公的時候，六卿中的范氏和中行氏逐漸沒落，從此六卿變成四卿，晉國等於由智、韓、趙、魏四家掌管。

智、趙、韓、魏四家之中，智氏的實力最強。當時智氏的掌權者智瑤，仗著自己勢力強大，就向韓、魏索取土地，韓康子和魏桓子只好乖乖奉上。

大事記

世界
西元前384年，古希臘哲學家亞里士多德出生

中國
西元前403年，三家分晉
西元前386年，田氏代齊

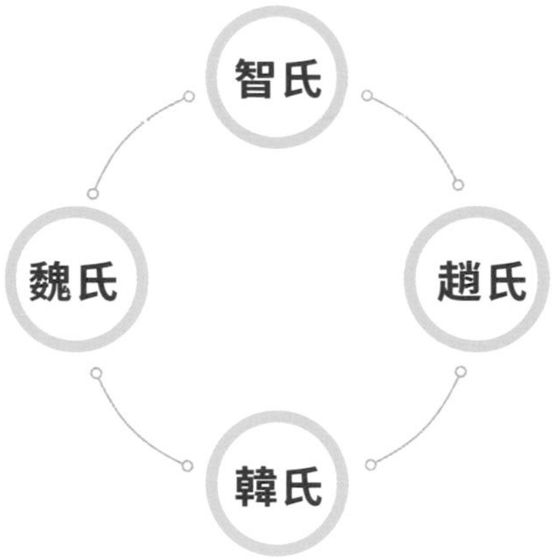

▶共同管理晉國的四卿。

▼韓、趙、魏三家越來越強大，便想瓜分晉國。

據記載，智氏無故索取土地，韓康子和魏桓子本來是不想給的。可他們的家臣認為，順從的奉上土地，一方面能讓智氏變得驕傲自大，一方面也會讓鄰邦對智氏感到害怕，這樣一來，就能借助天下人的力量一同對付智氏了。

韓、魏兩家都覺得很有道理，所以把土地給了智氏。果然，智氏一得意，又向趙索取土地，結果碰了釘子，遭到趙氏的領袖趙襄子拒絕。所以，智氏決定攻打趙氏，還找來韓氏、魏氏，要求他們一起出兵合圍。趙襄子則派人前去說服韓氏、魏氏，兩家臨陣倒戈，與趙氏一起進攻智氏軍營，擒殺了智瑤。後來，三家不僅殺了智氏全族，還瓜分了智氏的封地。

隨著趙、魏、韓三卿越來越強，晉國國君的地位已經岌岌可危。到了西元前四〇三年，周朝天子威烈王正式把晉國三卿列為諸侯。趙國、魏國、韓國由此誕生，他們在接下來的幾十年中，將晉國所剩無幾的國土瓜分完畢。這就是歷史上著名的「三家分晉」。

晉國從此消失了，而曾是中原霸主的齊國，也經歷了同樣的遭遇。

早在齊桓公時期，陳國有一位公子為了避禍來到齊國，他的名字叫陳完。一開始，齊桓公想封陳完為「卿」，讓他輔佐國事，卻被陳完婉言謝絕。齊桓公見陳完對高位不感興趣，便給他一個叫「工正」的官位，讓他負責管理工匠營造。就這樣，陳完帶領田氏一族在齊國安頓了下來。

田氏一族在陳完去世後，世襲了陳完的官職，但他們並不滿足於「工正」這樣

原來是這樣啊

古語的「陳」與「田」，讀音相近。

司馬遷寫《史記》，在介紹田齊世家時，卻將篇名命名為《陳敬仲完世家》。

為何不是《田敬仲完世家》呢？因為古代「田」與「陳」這兩個字的發音相同，所以齊國的始祖陳完也做「田完」。

的小官位，開始暗中發展田氏一族的勢力。春秋中後期，田氏一族已成為齊國望族。當時田氏的首領田成子發起政變，殺死當時的國君齊簡公，擁立齊簡公的弟弟為國君，他自己則擔任國相的高位，控制齊國內外的所有事務。

到了戰國初期，齊國國相的位子依舊被田氏把持。當時，在位的齊康公整日沉迷酒色。田氏首領田和身為國相，實在難以忍受齊康公的昏庸，最終將他放逐到了海濱。隨後，田和又在魏國支持下，順利坐上齊國國君的位子，成為田齊的第一位國君。為他封侯的周天子，正是周威烈王之子——周安王。至此，「田齊」正式取代了「姜齊」。

從周威烈王和周安王父子對以上兩件事的縱容便可以看出，從前看似淩駕在所有諸侯國之上的周天子，地位一落千丈，已經喪失了約束諸侯的權威與能力，「天下共主」成為一個空殼。諸侯之間混戰不休，但權力的天平不會永遠傾向哪一方，一個強國可能被更強的諸侯國打敗。而為了兼併他國，各諸侯國紛紛銳意革新，社會從此進入了新時代。

趣味典故

姜齊

古代齊國的別名，因姜太公被封於齊地而得名。後來改由田氏執政的齊國，則是「田齊」。

竊鉤者誅，竊國者侯

對於「田氏代齊」事件，莊子曾說：「竊鉤者誅，竊國者侯。」意思是：那些偷了別人腰帶鉤子這種小東西的人，必須被處死；而那些竊取了整個國家的人，竟然能成為諸侯。莊子這句話是在諷刺統治者的虛偽。

歷史事件14

他們是在亂世變法的改革家

亂世中，每個諸侯國都想盡辦法讓自己變得更加強大，否則就難以在混亂的局面中生存。而且大家都在進步，如果自己不做出改變，不也等於在退步嗎？為了實現強國的理想，各國紛紛變法，他們都採取了哪些措施呢？

戰國初期，出現一批變法者，以魏國李悝（ㄎㄨㄟ）為首，他們在各國大刀闊斧的進行改革，廢除舊制度，頒布新條例。在全新的制度下，貴族不再像從前那樣為所欲為，百姓發現，自己也有機會去做想做的事。想做官的可以靠戰功做官，想耕地的也能擁有自己的產業。大街小巷裡的歡聲笑語也多了

大事記

世界：西元前356年，亞歷山大大帝生於馬其頓王國

中國：西元前356年，秦國商鞅變法

事件	李悝（ㄎㄨㄟ）變法	吳起變法	商鞅（ㄧㄤ）變法
國名	魏國	楚國	秦國
國君	魏文侯	楚悼王	秦孝公
主要條例	1. 廢除貴族世襲制，選賢任能。 2. 大力發展農業生產。 3. 寫《法經》六篇。	1. 削減貴族爵祿。 2. 削減官員及其俸祿，將財力用於發展兵力。 3. 制定法律。	1. 廢除貴族世襲制。 2. 廢除井田制，承認土地私有。 3. 統一度量衡。 4. 推行縣制，編制戶口。

起來。

可是，好景不長。支持變法的國君相繼去世，各國貴族為了重新拿回自己的利益，紛紛打壓這些變法者。輕則廢除他們的變法條例，重則直接處死。就這樣，曇（ㄊㄢˊ）花一現的變法時期結束了，但改革所倡導的精神，仍然持續影響著百姓的生活。

李悝

戰國時期魏國著名的政治改革家和法學家，曾彙集春秋戰國時期各國變法經驗，編著《法經》。擔任魏相時，主持改革，使魏國變得富強。

吳起

戰國時期衛國政治家、軍事家，兵家代表人物，著有《吳子兵法》。在魯國、魏國、楚國都做過官，在楚國任官時，主持改革，史稱「吳起變法」。

商鞅

本名公孫鞅，在秦收復河西之戰中立功而獲賜商於之地，世人稱為商鞅。戰國時期衛國政治家、改革家、思想家，法家代表人物，著有《商君書》、《秦律》。秦孝公在位時，入秦主持變法，奠定日後秦國統一六國的強大實力，對秦國的蛻變與崛起功不可沒。

歷史事件15

百家爭鳴，戰國時期的思想巔峰

學校是大家學習新知，與老師、同學討論問題的地方。戰國初期也有非常類似的地方，但它不叫「學校」，而是叫「學宮」。其中有一座特別的學宮，建在齊國臨淄城的稷(ㄐㄧˋ)門附近，所以人們又叫它「稷下學宮」。

「稷下學宮」最大的特點是，它歡迎各個學派、不分階級的學者，來到這裡相互討論自己的學說。鼎盛時期，學宮裡常擠著成百上千的學者，不同學派、不同國別的學者，都能在這裡自由談論政治，研究哲學。

大事記

世界　西元前334年，亞歷山大大帝東征

中國　西元前374年至前357年，田齊桓公田午在位期間創辦稷下學宮

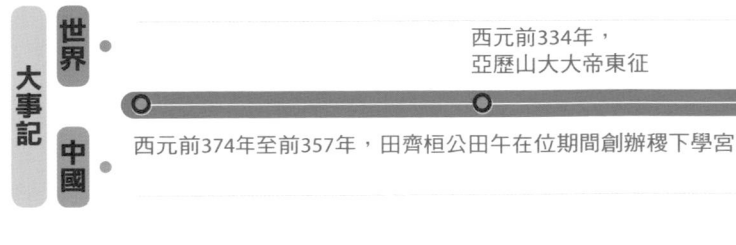

▲不同學派的學者，在稷下學宮進行辯論。

稷下學宮的熱鬧，是當時學術蓬勃發展的一個縮影。春秋末期到戰國時期，諸子百家湧現，各種思想百花齊放，這個局面被稱為「百家爭鳴」。其中最重要的四大家：道家、法家、儒家、墨家，影響力直到今天仍然存在，因此，這四大家倡導的思想主張，值得我們認識。

戰國時期的各個學派

派別	主張	主要代表人物	主要代表著作
道家	無為	老子、莊子	《道德經》(又稱《老子》)、《莊子》
法家	法治	管仲、子產、韓非子	《商君書》、《韓非子》
儒家	仁	孔子、孟子、荀子	《論語》、《孟子》、《荀子》
墨家	兼愛、非攻	墨子	《墨子》
名家	邏輯學	惠施、公孫龍	《公孫龍子》
陰陽家	陰陽五行	鄒衍	《周易》
農家	研究農業生產	許行	《神農》
雜家	兼儒墨、合名法	呂不韋	《呂氏春秋》
縱橫家	縱橫術	鬼谷子、蘇秦、張儀	《鬼谷子》
兵家	兵法	孫武(孫子)	《孫子兵法》

道家

老　子

老子、莊子是道家的代表，人們認為老子是道家的始祖。道家崇尚自由，主張「順其自然」、「無為」。他們所說的「道」，就如同自然和宇宙的規則，但「道」用語言是難以形容的。道家思想對中國哲學發展有重要影響。但要注意，道家和道教是不一樣的，道教是後來發展出來的宗教，道家則是一種哲學思想的學派。

法家

韓非子

春秋時，刑法條例只有貴族和重臣可以查看。然而，鄭國的子產卻認為，要讓百姓也能知曉刑法內容，才更知道如何約束自己。於是，他下令將鄭國刑法鑄在一座銅鼎上，讓所有百姓都能閱讀。子產成為中國古代第一個公布成文法的人！

到了戰國時代，法家學派更加成熟了，集大成者就是韓非子。據說，韓非子講話結巴，不善言辭，卻很會寫文章，不僅文字簡潔犀利，還常利用淺顯的故事來論證道理。不過，《韓非子》並不是韓非子寫的書，而是後人將他的文章收集起來編輯而成。

孔　子

孔子有個學生叫子路。有一天，子路腰佩寶劍、身穿戎裝，去拜見孔子。見到孔子後，他拿出寶劍舞了幾下，問道：「夫子，古時候的君子都是用劍來保護自己的吧？」孔子答道：「古時候的君子，都把忠義做為自己人生追求的目標，把仁愛當做自己的護盾。對那些為非作歹的人，君子會用忠信感化他；而對那些常常侵擾別人的人，君子則會用仁義相勸。你看，哪裡需要用劍來施加武力呢？」子路聽後，恍然大悟，從此在孔子門下潛心學習。

墨　子

魯班與墨子是多年的好友。有一年，楚惠王為了攻打宋國，請魯班來設計一種攻城的雲梯。反對戰爭的墨子聽到這個消息，立即趕到楚國，阻止楚惠王與魯班。楚惠王見狀，一時無法決定，只好讓魯班與墨子做一次模擬戰爭攻防，魯班攻城，墨子守城，誰贏了，他就採納誰的建議。於是，魯班跟墨子把衣帶當作城牆，一方用遍招式「攻城」，一方想盡辦法「守城」。最後，魯班手中武器都消耗完畢，墨子一方還綽綽有餘。楚惠王見勝負已分，便答應墨子不再出兵攻打宋國。由於墨子善於防守，後世便用「墨守」來形容牢牢守住某一事物。

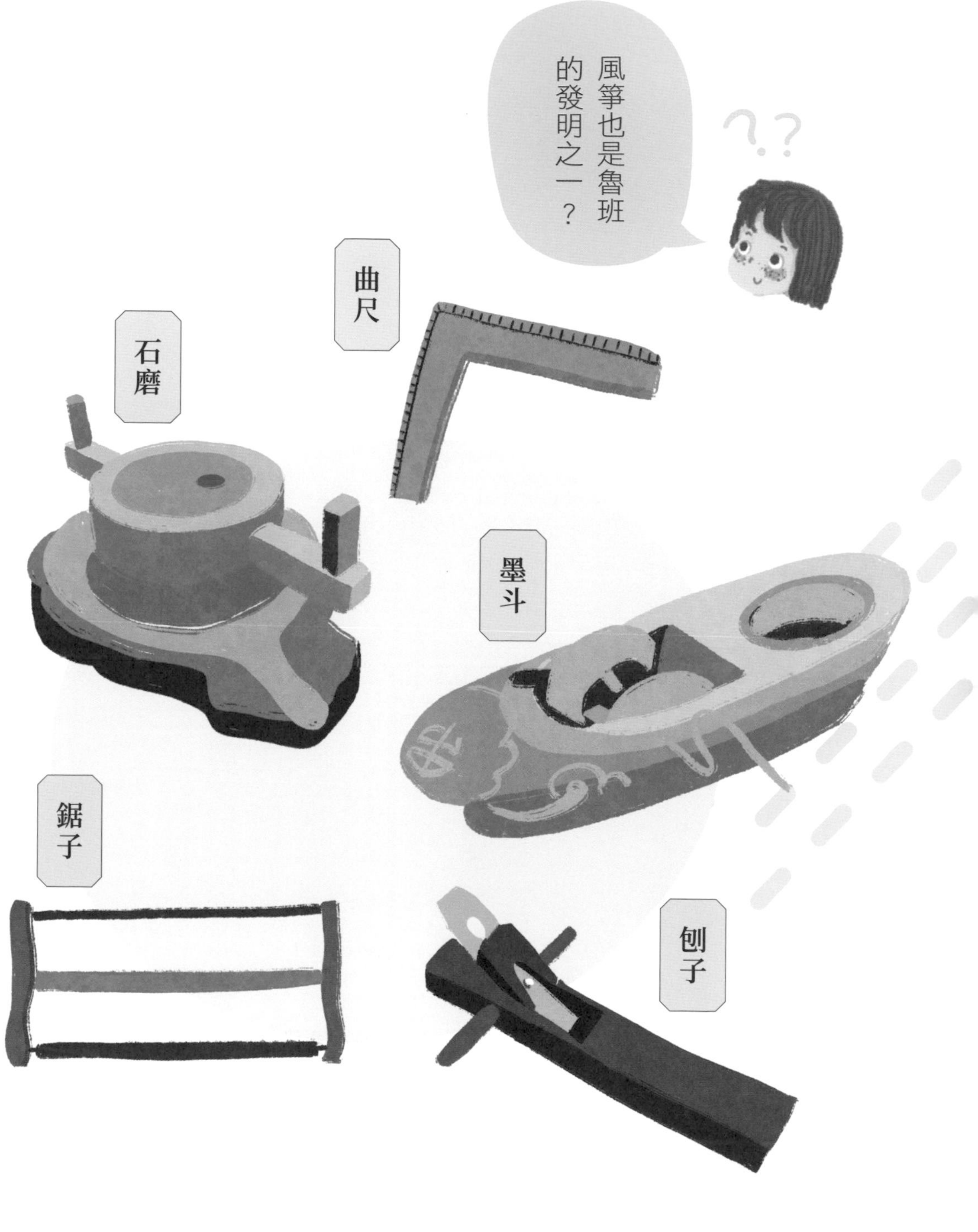
風箏也是魯班的發明之一？
曲尺
石磨
墨斗
鋸子
刨子

成語講堂

一字千金

形容文辭精當，價值極高。

戰國時期，秦國丞相呂不韋集合門客編撰完成《呂氏春秋》，書成之後，呂不韋十分滿意，自認書中文字已精練到多一字少一字都不合適的程度。於是，他將全書公布在秦國國都咸陽城門旁，廣邀天下學士前來評閱，還聲明，如果有人能增刪書中一字，就賞給千金。

後人因此以「一字千金」比喻文辭精當，價值極高。典故出自《史記·呂不韋傳》。

班門弄斧

在魯班門前擺弄大斧，比喻那些在行家面前賣弄本事、不自量力的人。

魯國有一位善於營造的木匠叫公輸般，因班與般同音，人們也稱他為魯班。魯班出生於一個工匠家庭，從小跟著父親為了生計四處奔波，參加過許多建築工程。魯班把這些從小積累下來的經驗與自己的想像相結合，發明許多實用的木工器械。相傳鑽子、曲尺、刨子等工具，都是魯班的智慧結晶。

歷史事件16

足智多謀的軍師
孫臏

圍魏救趙

三家分晉後，趙、魏、韓三國之間為了各自的領土而紛爭不斷。

西元前三五四年，魏國派大將龐涓帶兵圍攻趙國。趙國因為國力一直比不過魏國，只好派使者去向齊國求救。於是，齊國派出田忌、孫臏率兵趕往趙國都城邯鄲。路上，軍師孫臏對田忌說：「我們何必去邯鄲打得你死我活呢？我們就直接攻進魏國都城，難道還怕那龐涓不趕回來救駕嗎？」田忌聽完孫臏的計策，覺得實在是

大事記

世界
- 西元前335年，亞里士多德創辦呂克昂學園

中國
- 西元前353年，齊魏桂陵之戰
- 約西元前340年，屈原生於楚國

妙！於是立即拔營向魏國出發，最後成功幫趙國解圍。這就是三十六計中著名的「圍魏救趙」。

與龐涓結怨

想出「圍魏救趙」這一招妙計的孫臏，是縱橫家鬼谷子門下的弟子，而魏國大將龐涓是孫臏當時的同學。因為天資聰穎，孫臏求學時深得鬼谷子偏愛，心胸狹隘的龐涓一直嫉妒孫臏的才華。後來，龐涓到魏國當了大將，擅自對孫臏施行臏刑（挖去膝蓋骨的刑罰，也有一說是斷足），讓孫臏再也無法行走。為了記住這次恥辱，他正式改名為「孫臏」。至於他原本的名字，因為歷史久遠，已經無法考證。

孫臏受刑殘廢後，遇上齊國的一名使者。齊國使者十分欣賞孫臏的才華，將他偷偷帶回齊國。孫臏在齊國深受齊國公子田忌賞識，成了田忌的門客。

五國相王

戰國中期，魏國遭遇了一系列打擊，國力大損。面對日漸強大的秦國和齊國的威脅，西元前三三四年，魏惠王前往徐州與齊威王會盟，互相尊稱對方為王，這就是「徐州相王」。西元前三二三年，為了對抗秦的連橫策略，魏、韓、趙、燕、中山五國結成同盟。公平起見，也互相承認對方為王，這就是「五國相王」。

趣味典故

田忌賽馬

田忌很喜歡賽馬。有一次，齊威王與田忌賽馬，規則是進行三場比賽，獲得兩勝就是贏家。比賽即將開始，田忌發現兩邊的馬可以按照能力分成上、中、下三等級，但同等級的馬，實力都差不多，很難預測勝負。正在苦惱時，孫臏對田忌說：「你想贏這場比賽，一點也不難。你調整一下馬兒上場的順序，不就好了嗎？」田忌茅塞頓開，照著孫臏的計策，在三場比賽中成功贏了兩場。

◀田忌賽馬。

原來是這樣啊

你知道孫臏獻策的賽馬順序是怎樣的嗎？

	回合一	回合二	回合三
田忌派的馬	下等馬	上等馬	中等馬
齊威王派的馬	上等馬	中等馬	下等馬
比賽結果	齊威王勝	田忌勝	田忌勝

琴瑟

琴和瑟是兩種樂器，琴有五弦、七弦，瑟有二十五弦。

鼓

世界各國都有鼓，而且製作鼓的材料各不相同，有皮鼓、銅鼓、石鼓……上圖是戰國的虎座鳥架鼓，是楚文化的代表文物。

竽

竽是戰國時期非常流行的吹奏樂器。

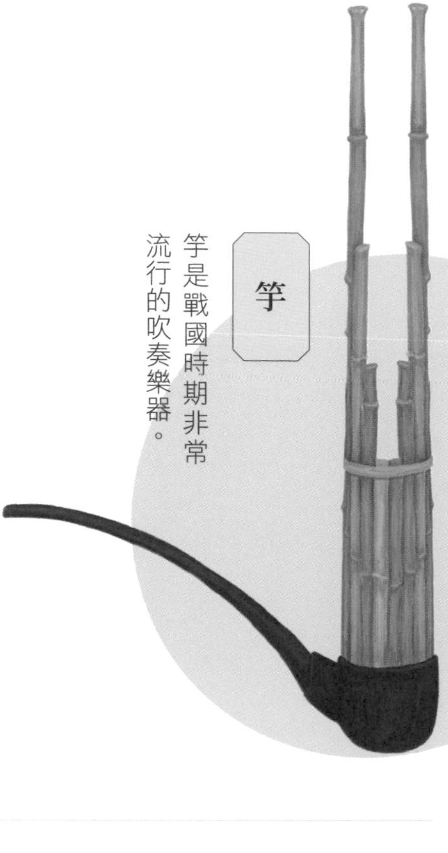

約西元前321年，古印度孔雀王朝開始

編磬

編磬是魯國發明的。上面的方片由玉或石頭做成，就是磬。敲打這些磬，會發出悅耳的聲音。

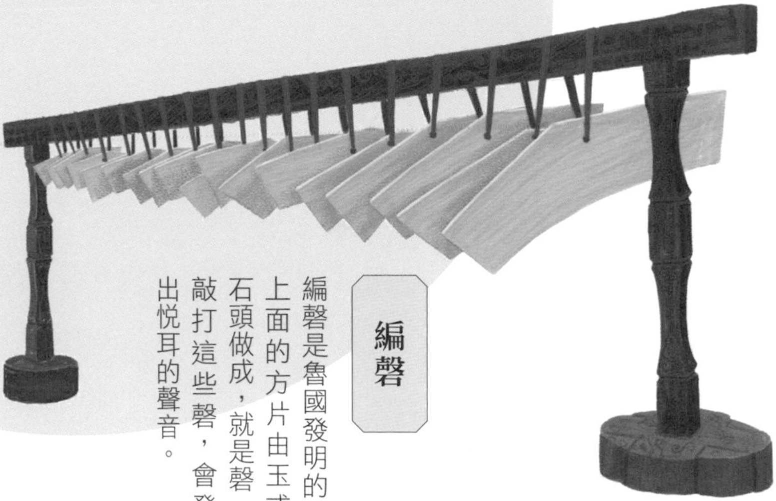

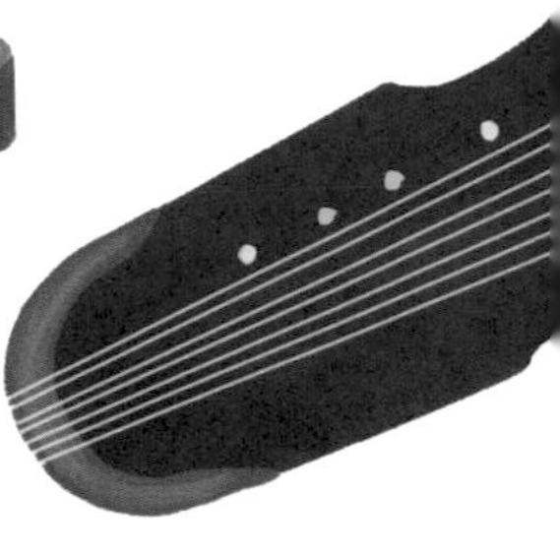

編鐘

編鐘是由青銅做成的。迄今中國發現最完整的編鐘是曾侯乙編鐘，現在還能用來演奏呢！

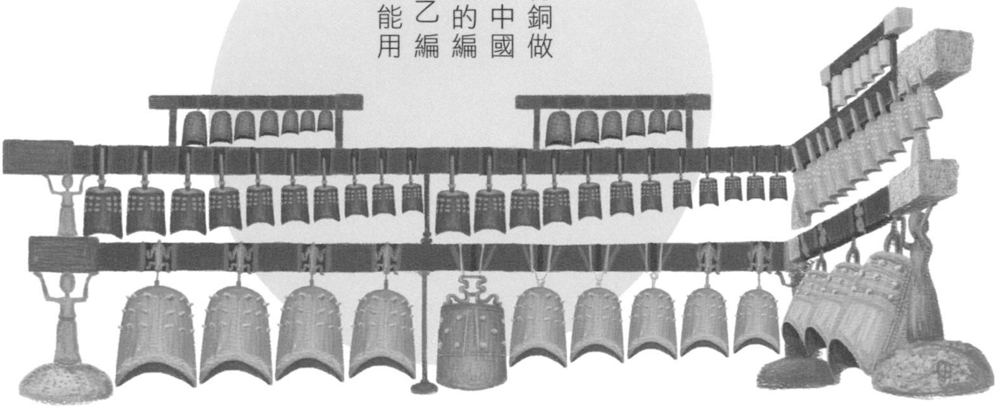

大事記

世界
- 西元前334年，亞歷山大大帝開始東征
- 西元前323年，亞歷山大大帝逝世

中國
- 西元前323年，為聯合抗秦，公孫衍發起「五國相王」

成語講堂

濫竽充數

不會吹竽的人，混在吹竽的樂師隊伍裡冒充樂師。比喻沒有真才實學的人，混在行家中充數；或比喻以不好的東西冒充場面；有時也用於自謙之辭。

田齊君主齊宣王特別愛聽吹竽，尤其愛聽合奏，為此專門聘請了三百名樂師。南郭先生聽說了，便吹噓自己的演奏本領很高。齊宣王聽了很高興，直接讓南郭先生加入樂師隊伍。

實際上，南郭先生根本不會吹竽，卻混在隊伍裡假裝吹奏，享受很好的待遇。

不久，齊宣王病逝，兒子齊湣王繼位。聽說湣王也愛聽竽，南郭先生心中暗自竊喜。沒想到樂隊覲見湣王時，湣王卻讓樂師一個個單獨上臺為他吹奏。原來，湣王雖然愛聽竽，但只愛聽獨奏，不愛聽合奏。南郭先生見大勢不妙，立刻偷溜，逃出宮去。

歷史事件17

他們有縱橫天下的好口才

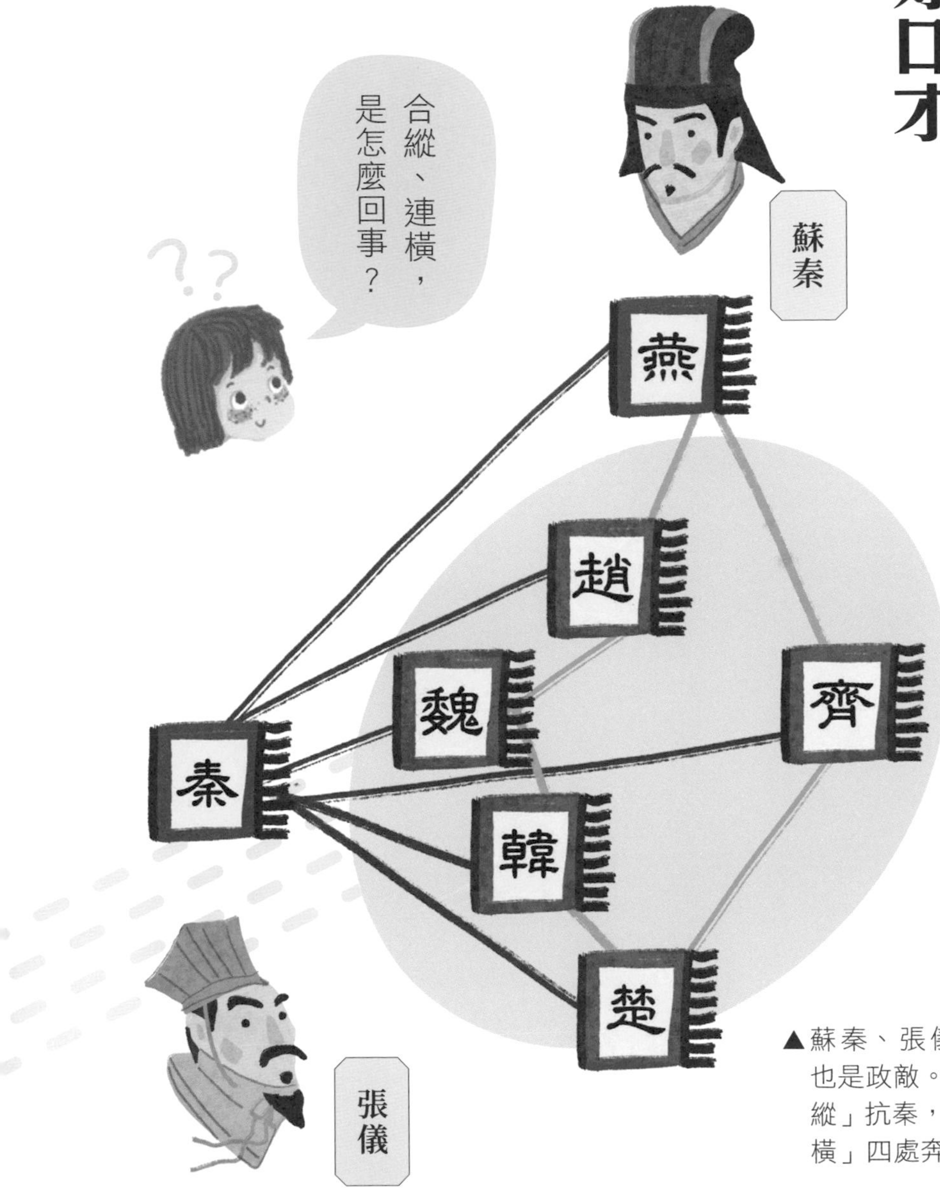

▲蘇秦、張儀既是同學，也是政敵。蘇秦提出「合縱」抗秦，張儀則為「連橫」四處奔走。

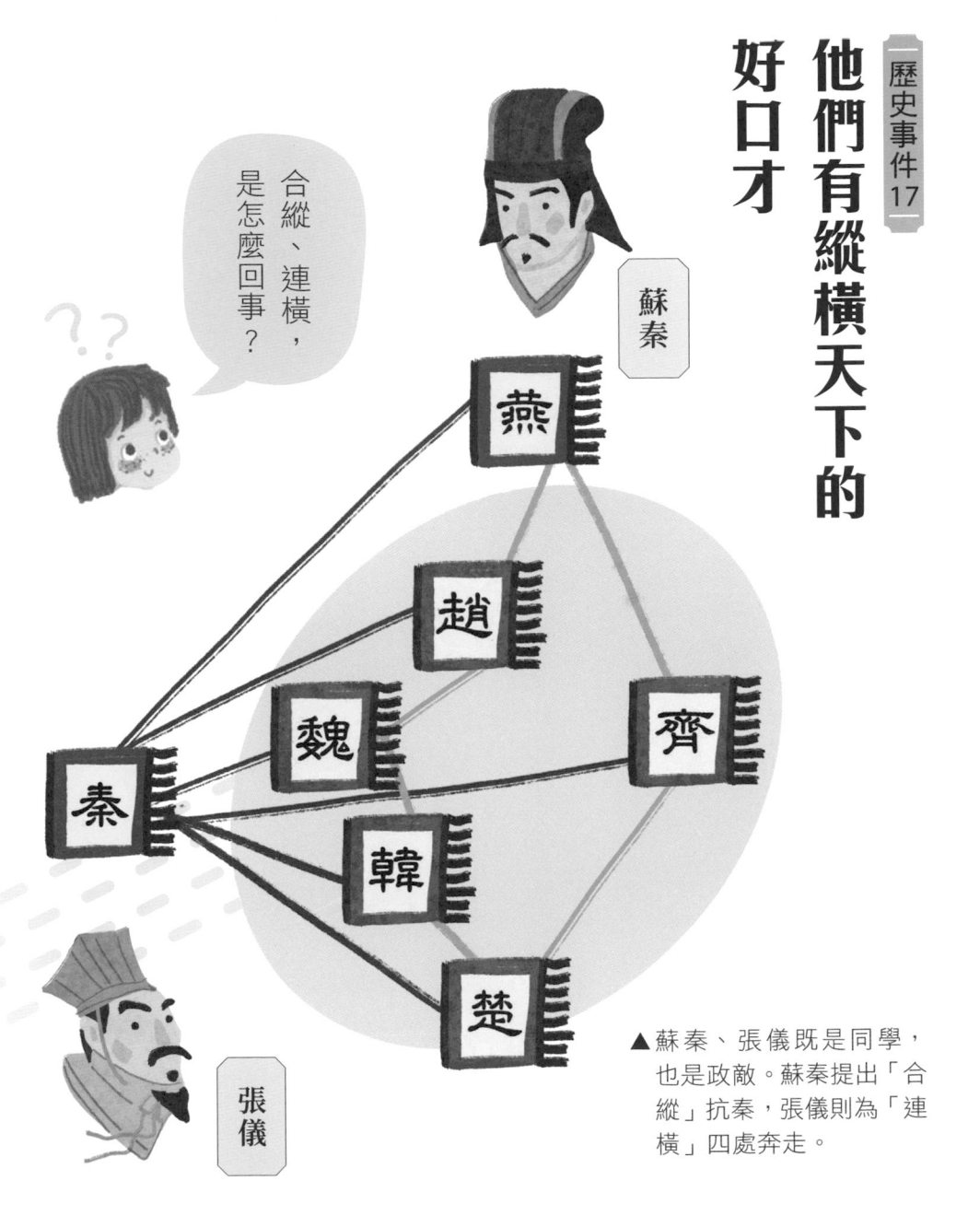

商鞅變法後，秦國逐漸發展成為戰國七雄中最強的國家，秦國的實力，讓其餘六國不得不忌憚。這時，以公孫衍、蘇秦、張儀為代表的縱橫家，就登上了歷史舞臺。

縱橫的意思，就是「合縱」與「連橫」。從地理位置來看，中原六國的土地，正好南北相連，可以一起討伐西邊的秦國；而位於西邊的秦國，也可以由西向東，橫向與中原六國結盟。

因此，在秦國一家獨大的局面下，中原六國都願意共同抗衡秦國。

西元前三一八年，魏國縱橫家公孫衍，成功聯合了趙、韓、燕、楚四國（實際只有韓、趙、魏出兵），在函谷關進攻秦國。函谷關是秦穆公時期修築的，因為谷道十分狹窄，一次只能通過一輛兵車。人們也常用「一夫當關，萬夫莫開」來形容函谷關的地形。秦國見中原各國聯起手來進攻，自然也全力出兵迎敵，卻沒料到聯軍在戰前

大事記

世界
西元前305年，古埃及托勒密王朝開始

中國
西元前318年，函谷關之戰
西元前313年，張儀入楚

就各自心懷鬼胎、軍心不穩。最後，中原聯軍被秦軍打得節節敗退，一路撤回中原。

公孫衍這次合縱，並沒能成功攻下秦國，但在他之後出現的一位縱橫家，代替他完成了這項任務，這個人就是蘇秦。

蘇秦是縱橫家鬼谷子門下的學生，學成後遊歷各國多年。到了趙國後，蘇秦提出合縱抗秦的戰略，用了幾年的時間，成功遊說中原六國聯合抗秦。秦國聽說中原合縱聯盟再次集結，不敢輕舉妄動挑起戰爭，一直安分的待在函谷關外，這一待便是十幾年。

和平的局面，持續到鬼谷子的另一個學生張儀來到秦國。

張儀入秦後，積極為秦國連橫各國。他首先來到楚國，一番遊說後，成功說動楚懷王退出中原合縱聯盟。緊接著，張儀又去到韓、齊、趙、燕四國，相繼取得各國信任。就這樣，中原第二次合縱聯盟，在張儀的口才下分崩離析。

◀司南

原來是這樣啊

司南

無論是周遊列國的說客，還是行軍打仗的將士，對他們來說，辨別方向都是重要的必備技能。除了觀天象、讀年輪，隨著冶鐵技術發展，人們還發現了一種有指向特性的磁鐵礦。於是，人們將這種帶有磁性的鐵礦石，鑄成勺子形狀放在盤上，根據勺子的指向來判斷方向，這便是指南針的前身——司南。

歷史事件18

戰國末期的後起之秀！

趙國的改革

趙國地處北部，北有匈奴，東有燕國，西有秦國，南有魏國。四面受敵的情況下，連中山國這樣的小國都敢不時侵擾趙國邊界。直到趙武靈王即位，他意識到：「唯有軍隊變強了，周圍的大小國家才不會瞧不起我們！」於是，趙武靈王開始進行軍事改革。

但是，該怎樣改革呢？趙武靈王思來想

趙

趙武靈王，名雍。
把趙國從小國
變成強國。

大事記

世界

中國

西元前307年，趙武靈王推行胡服騎射

西元前283年，完璧歸趙

去，想到了一向驍勇善戰的西北戎狄。他發現：西北戎狄軍隊那種窄袖短襖看起來十分便於行兵打仗。何不把這種服裝引進趙國呢？緊接著，趙武靈王又想到：騎兵的戰鬥力和靈活力，肯定高於傳統步兵，這也是一個好主意！於是趙武靈王便派專人天天教士兵練習騎馬射箭。

隨著趙武靈王的銳意改革，趙國騎兵的規模與實力逐漸成熟。趙武靈王心想：「鏟除中山國這個心腹大患的時機終於到了！」於是，他用了近十年的時間，率領騎兵五次出征，終於成功吞併中山國。

在趙武靈王之後，他的二兒子趙何即位，就是有名的趙惠文王。

完璧歸趙

西元前二八三年，趙惠文王得到了珍貴的和氏璧。秦昭襄王聽說後，立即派人送信到趙國，希望用秦國十五座城池與趙國交換這塊和氏璧。趙惠文王覺

▲趙武靈王推行軍事改革，
要求士兵練習騎馬射箭。

得這是一筆不錯的交易，但又害怕秦國得到和氏璧後反悔，不給他秦國城池。

正當趙惠文王為此事煩憂時，宦官繆賢說道：「大王，我門下有一個謀士名叫藺相如，智謀雙全，您可以見見他。」趙惠文王召見藺相如後，果然十分欣賞他的膽識，便派他負責送這塊和氏璧去秦國。

眼看趙國真的將這和氏璧帶來了秦國，秦昭襄王十分高興，愛不釋手，卻一直沒開口提城池的事。藺相如便說道：「大王，其實這塊玉上有個瑕疵，我指給你看。」秦王一聽，立即將和氏璧遞給藺相如。藺相如接過和氏璧，往後退了數步，強忍怒氣，對秦王說：「大王，和氏璧本是傳世之寶，您想得到它，趙國不敢不給，趙王為此還齋戒了五日。國家之間本應互相尊重，若您也能齋戒五日，並且如約交換您所許諾的城池，我便奉上這和氏璧。但如果大王您不願意，那我只好帶著這和氏璧共赴黃泉了。」說罷便作勢要將和氏璧砸碎在立柱上。秦王見狀，只好答應了藺相如的要求。他先在地圖上勾出了要給趙國的十五座城池，然後便去準備接下來的齋戒。

但這其實是藺相如的緩兵之計。他深知秦國自從秦穆公之後，就沒有哪個國君是守信用的，於是他趁秦昭襄王齋戒的時候，暗地派使者將和氏璧送回趙國，這就是「完璧歸趙」的故事。

成語講堂

完璧歸趙

比喻把物品完好的歸還給原本的主人。

▲藺相如識破秦王只想騙取和氏璧，卻不想遵守諾言用城池來換，於是用計拿回和氏璧，假裝要把它砸碎。

負荊請罪

有一次，秦昭襄王派人邀請趙惠文王到澠（ㄇㄧㄢˇ）池相會。趙王雖然不情願，但還是在藺相如陪同下前去赴會。會上，秦王多次用言語羞辱、貶低趙王，卻都被藺相如擋了回去。會面結束後，趙王對藺相如的忠心十分感動，回國後就拜他為上卿。

趙國當時還有一位名將廉頗，軍功赫赫，他見藺相如沒立什麼大功，就坐上了比自己還高的位子，心裡很不是滋味，很想當面教訓藺相如。

▲廉頗終於明白了藺相如的苦心，自愧不如，去向藺相如道歉請罪。

但藺相如一直迴避廉頗，在路上碰見了，也是轉頭就走。人們都在背後紛紛議論：「沒想到這藺相如是個膽小如鼠的人！」

藺相如的許多門客也不認同他這種怕事的表現，集體請辭。藺相如為了挽留門客，終於解釋說：「我連秦王都不怕，怎麼會怕廉將軍呢？我只是不想與他起衝突罷了。現在秦國獨大，戰火紛飛，若有一天開戰，我與廉將軍不和，豈不是會為趙國帶來災禍嗎？」

這話不久便傳入廉頗耳裡。廉頗感到十分慚愧，打從心裡佩服藺相如的為人。於是，他脫下戎裝，背上荊條，主動到藺相如府上向他請罪。藺相如見廉頗負荊而來，趕緊出門相迎。最後，兩人冰釋前嫌，相約一同守衛趙國。

在他們努力下，擁有超強騎兵的趙國，在戰國後期成為一方強國，同時也是秦國進軍中原的最大阻礙。

成語講堂

負荊請罪

形容一個人犯了錯後，主動懲罰自己，並向當事人承認錯誤。

歷史事件19

統一天下，將是遲早的事

趙國悄然在中原崛起，秦國也加快了向中原挺進的步伐。

西元前二七九年，秦昭襄王派出大將白起，攻破楚國的鄢城與郢都，導致楚國從此一蹶不振。之後，又在西元前二六二年與趙國交戰於長平。決戰開始前，秦國的范雎派人到趙軍內部放出流言：「秦國根本不怕趙國現在的主將廉頗，趙括才是他們真正不敢對付的人！」趙孝成王聽到風聲後，並沒有察覺這是秦國的離間計，立刻陣前換將，讓趙括取代廉頗，擔任主將。

沒想到的是，趙括根本沒上過戰場，只會紙上談兵。這樣的人

西元前262年，秦趙長平之戰爆發

西元前259年，秦趙邯鄲之戰

▶ 趙括紙上談兵。

成語講堂

紙上談兵

比喻只會空談理論，不能實際解決問題。

趙國名將趙奢的兒子叫趙括，年少時就熟讀兵法理論。在他看來，如果談論軍事作戰，天下人沒有誰能比得上他。他曾與父親探討用兵之事，連他父親都說不過他。即使如此，他的父親也不認為他會是個好將領。因為戰爭非常殘酷，趙括卻說得太輕易了。趙奢對妻子說：「如果趙國任用他做將領，一定會吃敗仗。」果然，後來的長平之戰，趙孝成王中了秦國的離間計，用趙括代替老將廉頗來統兵，導致趙軍被秦軍大敗，死了數十萬人。

大事記

世界：西元前264年，古羅馬與迦太基的第一次布匿戰爭開始

中國：西元前278年，秦楚鄢郢之戰結束，屈原逝世

怎麼可能打得過久經沙場的白起呢？最後，秦軍在將領白起帶領下，殲滅了趙軍四十多萬人，統一中原之路，勢不可擋。長平之戰也因此被視為戰國局勢的轉折點。

長平之戰後，秦昭襄王在范雎建議下，決定暫時不消滅趙國。只要趙孝成王能獻出幾座趙國的重要城市，秦國便答應休戰。但趙孝成王並不打算就此認輸，還派出使者與中原各國商定一同抗秦。

秦國見趙國不願講和，只好派兵圍住趙國國都邯鄲。趙孝成王一邊命令廉頗殊死抵抗，另一邊派出平原君趙勝，去向魏、楚兩國請求援助。魏國信陵君魏無忌得到消息後，想要出兵幫助趙國，但被魏安僖王一口拒絕。於是，信陵君瞞著魏安僖

原來是這樣啊

屈原與楚辭

屈原是傑出的詩人，創造了「楚辭」這種文體，用楚地的方言寫詩歌，形式自由活潑、多用「兮」字，充滿濃厚的浪漫色彩。

現在留存的《楚辭》共有十七篇，除去屈原的主要作品，其餘是後世文人效仿屈原楚辭體所作。楚辭體也可稱為騷體，因屈原的代表作《離

◀楚國被秦國擊敗，屈原投江自盡。

騷》而得名，與《詩經．國風》合稱為「風騷」。後來，人們也常用「風騷」來泛指文學。

在秦將白起率軍攻破郢都後，屈原眼見楚國走向衰亡，自己卻因被放逐而無從報國，選擇在汨羅江投江自盡。這一天，正是農曆五月初五。後世將這一天定為端午節，緬懷屈原。

王，把魏國虎符（古代掌管軍隊或用兵的虎形兵符）偷走，並以虎符調動了八萬魏軍前往邯鄲。最後，魏軍與楚國春申君黃歇帶領的楚軍，協助趙國擊退秦軍，消耗了秦國大量兵力，成功延緩了秦國統一中原的進程。

成語講堂

毛遂自薦

指自告奮勇，自動請求負責擔任一項任務。

趙王派平原君趙勝去楚國搬救兵，平原君打算挑選二十名門客一同前往。可是挑來挑去，只挑出十九人，還差一人，卻一直沒有滿意的人選。

這時候，一名叫毛遂的門客自告奮勇。平原君問道：「先生來我門下幾年了？」毛遂答：「已有三年了。」平原君想了想說：「賢能的人處在世上，就像把錐子放入囊中，它的尖梢會立刻刺出來。您來了三年，卻還是無名小卒，想必沒有什麼才能。」毛遂並不退讓，說道：「那是因為我今日才要求您把我放入囊中。若早把我放進囊中，尖梢早就刺出來了。」毛遂最終說動了平原君，讓他跟隨隊伍出使楚國。毛遂沒有讓平原君失望，成功說動楚國出兵救趙。平原君回國後將毛遂奉為上賓，並且更加用心觀察每一名門客的才能。

歷史事件20

五百餘年亂世，會是如何收場？

李冰：戰國時期著名水利工程學家，擔任秦國蜀郡太守時，主持修建都江堰等重要水利工程。

兩個重要的水利工程

秦昭襄王除了征戰六國，也不忘關心秦國境內百姓的生活。

早在西元前三一六年，秦國就吞併了西南的巴蜀。但是，巴蜀地區的百姓一直難有穩定的收成。原來，巴蜀地區的成都平原有岷江流經，岷江水流湍急，常年發生水患。洪水如此頻繁，百姓生活怎麼會好呢？

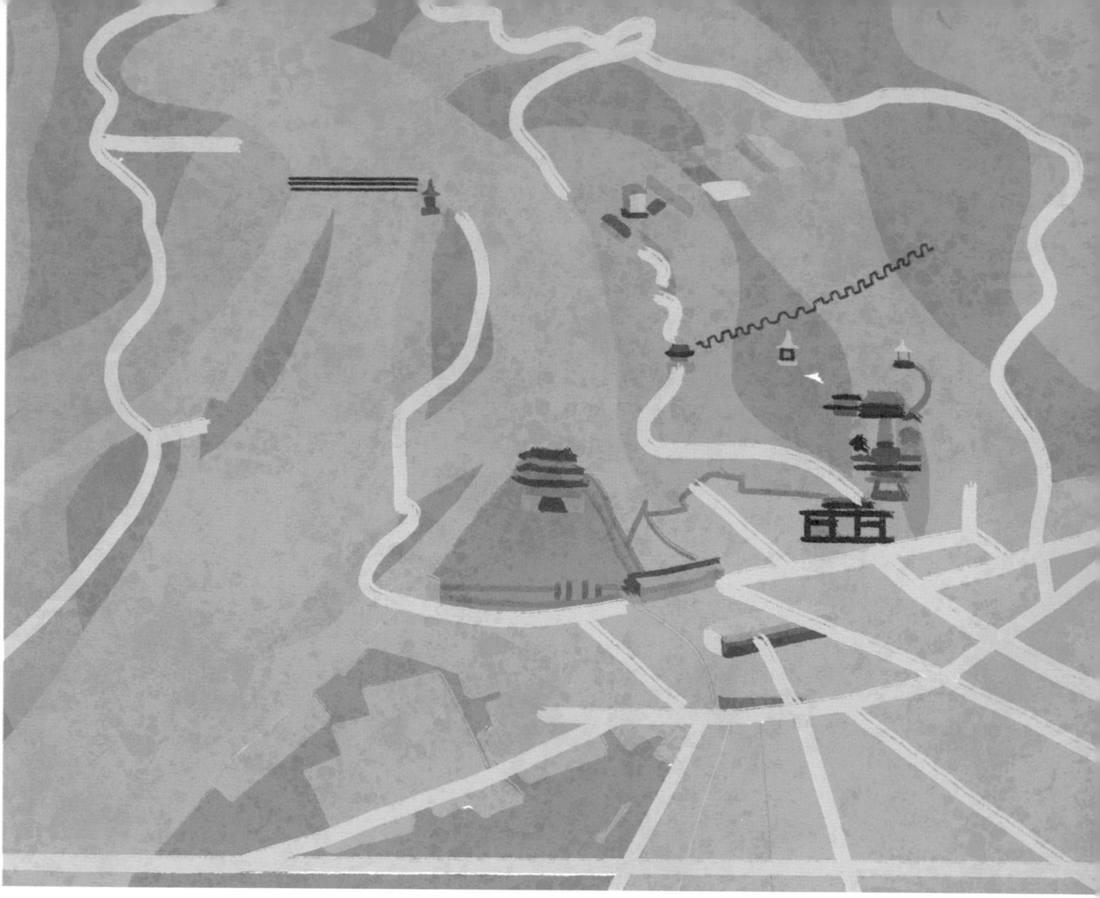

▲都江堰水利工程，造福了一方百姓。

西元前二五六年，知曉天文地理的李冰，被秦昭襄王任命為蜀郡太守。上任不久，李冰便意識到治水的必要。他將自己的學識與前人的治水經驗相結合，與兒子二郎一起實地考察數年，最終築成了緩解岷江水患的水利工程——都江堰。都江堰建成後，岷江水患不僅得到緩解，原本湍急的

西元前246年，秦王政即位，興修鄭國渠

西元前221年，秦王政統一中國

鄭國：戰國時期著名水利工程學家，在秦國用十年時間修建了大型水利工程鄭國渠。

江水還被分流到蜀郡各地，灌溉田地，使得這裡成為農業發達的「天府之國」。

西元前二四六年，秦王政即位。秦國實力越來越強，但許多國家並不願意就此投降，韓國便是其中之一。為了削弱秦國，消耗秦國人力物力，韓國派出了一位名叫鄭國的水工，希望他能勸諫秦王政修築灌溉渠。儘管知道修築水渠需要大量的人力物力，秦王政也沒有拒絕。就這樣，鄭國花費了十年時間，最終鑿出一條連接西邊涇水與東邊洛水的自流灌溉渠，這就是遠近聞名的鄭國渠。鄭國渠完工後，灌溉面積覆蓋了整個乾旱的關中地區。這時韓國才發現，最初的計

大事記

世界

中國 西元前256年，秦人李冰主持修建都江堰；東周末代君主周赧ㄋㄢˇ王病逝，東周亡

策不但沒有削弱秦國，反而讓秦國擁有了一座穩定的糧倉！

中央集權的開始

西元前二三〇年到西元前二二一年的十年間，曾經阻擋秦國稱霸的韓、趙、魏、楚、燕、齊六國，一個接一個被秦王政攻滅。當初誰也沒有想到，結束這五百多年亂世的，竟是從前那個小小的邊陲諸侯國。

秦王政統一天下後，建立了中國歷史上第一個中央集權制國家——秦朝，並且稱自己為「皇帝」。至此，經歷了夏商周的王國時代正式結束，而以皇帝為最高權力者的帝國時代，此後將在中國延續兩千多年。

◀嬴政最終統一了六國，歷史要進入新篇章了！

秦始皇：姓嬴，名政。
秦國第三十一任國君，
統一六國，建立秦朝。

國家圖書館出版品預行編目（CIP）資料

太喜歡歷史了！給中小學生的輕歷史 . 2, 春秋戰國 / 知中編委會 -- 初版 . -- 新北市 : 遠足文化事業股份有限公司字畝文化出版 : 遠足文化事業股份有限公司發行 , 2021.07
面；公分
ISBN 978-986-0784-17-6（平裝）
1. 中國史 2. 通俗史話
610.9　　110009457

太喜歡歷史了！給中小學生的輕歷史② 春秋戰國

作　　者：知中編委會

字畝文化創意有限公司
社長兼總編輯｜馮季眉
責任編輯｜徐子茹
主　　編｜許雅筑
編　　輯｜戴鈺娟、陳心方、李培如
封面設計｜Bianco
內頁排版｜張簡至真

出版｜字畝文化創意有限公司
發行｜遠足文化事業股份有限公司（讀書共和國出版集團）
地址｜231新北市新店區民權路108-2號9樓
電話｜(02)2218-1417　傳真｜(02)8667-1065
客服信箱｜service@bookrep.com.tw
網路書店｜www.bookrep.com.tw
團體訂購請洽業務部 (02) 2218-1417 分機1124
法律顧問｜華洋法律事務所 蘇文生律師
印　　製：凱林彩印股份有限公司
2021 年 7 月　初版一刷　定價：350 元
2023 年 8 月　初版六刷
ISBN 978-986-0784-17-6　　書號：XBLH0022

歷史就是這樣演進的！

這部歷史從夏朝開始說起，這是因為在此之前有關三皇五帝等傳說，由於缺少歷史證據，往往被視為神話。

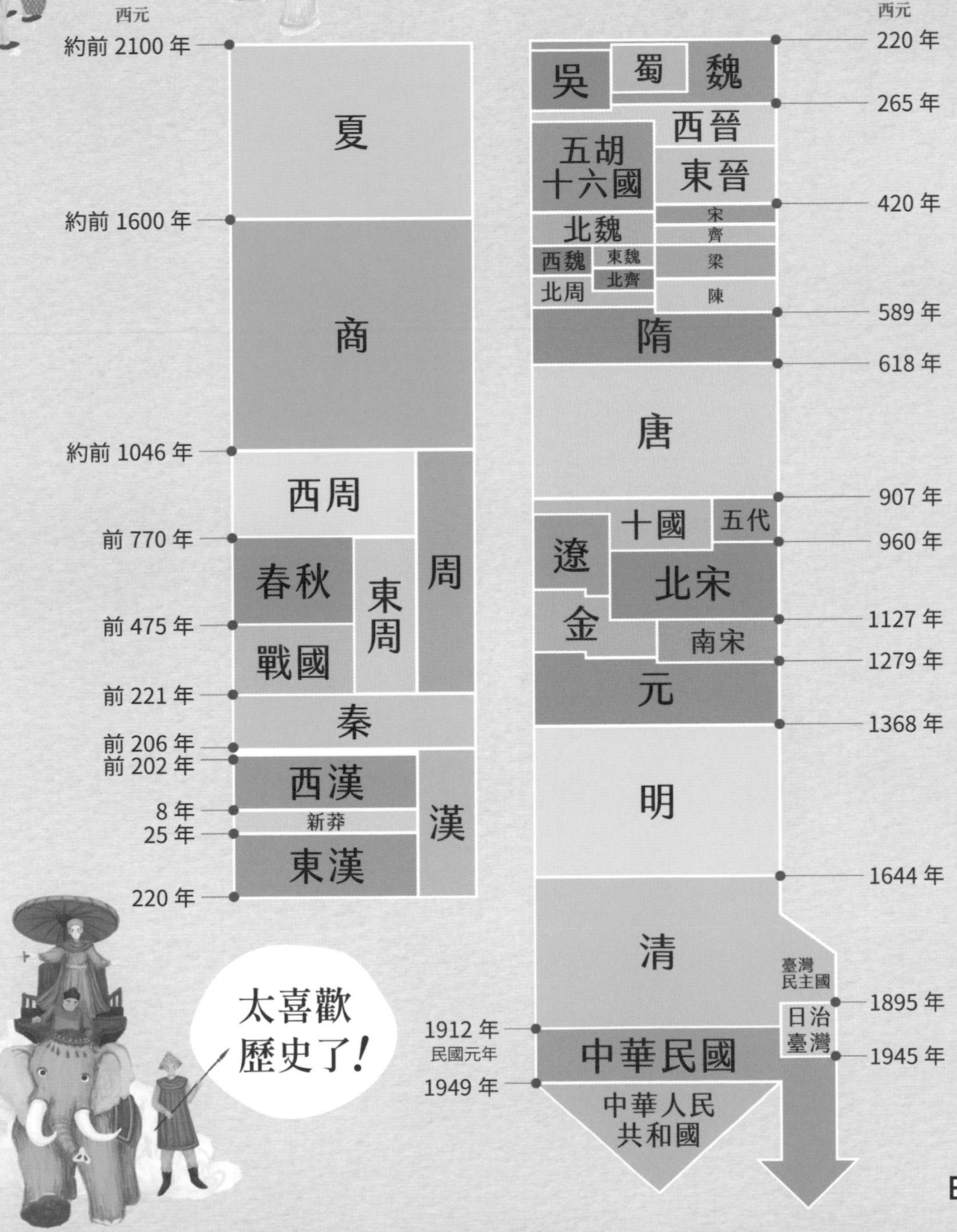

字畝

歷史就是這樣變化的！

歷史上，每個時代的疆域面積、統治族群，以及國都所在位置，都不斷的變化。而「統一」往往就是「分裂」的開始，分分合合是歷史常態。領土、統治族群、生活方式，也必然隨著時代演進，持續變動。歷史就是一部人類生存的變動史。

朝代		都城	現今地	統治族群	開國
	夏	安邑	山西夏縣	華夏族	禹
	商	亳	河南商丘	華夏族	湯
周	西周	鎬京	陝西西安	華夏族	周武王姬發
周	東周	雒邑	河南洛陽	華夏族	周平王姬宜臼
	秦	咸陽	陝西咸陽	華夏族	始皇帝嬴政
漢	西漢	長安	陝西西安	漢族	漢高祖劉邦
漢	新朝	常安	陝西西安	漢族	王莽
漢	東漢	洛陽	河南洛陽	漢族	漢光武帝劉秀
三國	曹魏	洛陽	河南洛陽	漢族	魏文帝曹丕
三國	蜀漢	成都	四川成都	漢族	漢昭烈帝劉備
三國	孫吳	建業	江蘇南京	漢族	吳大帝孫權
晉	西晉	洛陽	河南洛陽	漢族	晉武帝司馬炎
晉	東晉	建康	江蘇南京	漢族	晉元帝司馬睿
南北朝	南朝 宋、齊、梁、陳	建康	江蘇南京	漢族	宋武帝劉裕等
南北朝	北朝 北魏、東魏、西魏 北齊、北周	平成 鄴 長安	山西大同 河北邯鄲 陝西西安	鮮卑 漢族 匈奴等	拓跋珪、元善見 宇文泰等
	隋	大興	陝西西安	漢族	隋文帝楊堅
	唐	長安	陝西西安	漢族	唐高祖李淵
	五代十國	汴、洛陽 江寧等	開封、洛陽 南京等	漢族	梁太祖朱溫等
宋	北宋	汴京	河南開封	漢族	宋太祖趙匡胤
宋	南宋	臨安	浙江杭州	漢族	宋高宗趙構
	遼	上京	內蒙古	契丹族	遼太祖耶律阿保機
	金	會寧	黑龍江哈爾濱	女真族	金太祖完顏阿骨打
	元	大都	河北北京	蒙古族	元世祖忽必烈
	明	應天府	江蘇南京	漢族	明太祖朱元璋
	清	北京	河北北京	滿族	清太宗皇太極

註：限於篇幅，本表不含各朝代後續遷都詳情。

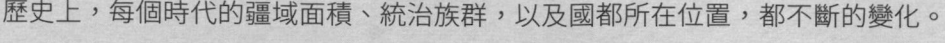